RADIUS BÜCHER

Gerd Lüdemann

Jungfrauengeburt?

Die wirkliche Geschichte
von Maria
und ihrem Sohn Jesus

Die Deutsche Bibliothek – CIP-Einheitsaufnahme

Lüdemann, Gerd:
Jungfrauengeburt? : Die wirkliche Geschichte
von Maria und ihrem Sohn Jesus / Gerd Lüdemann. –
Stuttgart: Radius-Verl., 1997
(Radius-Bücher)
ISBN 3-87173-129-3

ISBN 3-87173-129-3
© Radius-Verlag GmbH Stuttgart 1997
Umschlag: André Baumeister
Gesamtherstellung: Clausen & Bosse, Leck
Printed in Germany

Inhalt

Kapitel 2: Maria im Neuen Testament und in den
christlichen Quellen außerhalb des Neuen
Testaments:
Redaktion, Tradition, Geschichte 50

Vorwort

Das vorliegende Buch setzt meine Bemühungen fort, heutige Zeitgenossen über die Ursprünge der christlichen Religion in verständlicher Sprache aufzuklären. Ich habe zu diesem Zweck alle relevanten Quellen der Antike, die das Thema betreffen, neu ins Deutsche übersetzt und untersucht, um der Leserschaft eine eigene Urteilsbildung zu ermöglichen. Als Einstiegslektüre empfehle ich dabei die Zusammenfassung der historischen Ergebnisse (mit Schaubild) auf S. 129–131 und den theologischen Ertrag auf S. 132–140.

Frank Schleritt hat bei der Konzeption und Durchführung des Buches intensiv mitgewirkt. Ohne ihn hätte es zum gegenwärtigen Zeitpunkt nicht erscheinen können. Marita Hübner danke ich für Zuarbeit zum feministischen und befreiungstheologischen Teil des Werkes. Privatdozent Dr. Jürgen Wehnert, M.A., hat das Manuskript kritisch durchgesehen.

Eine englische Übersetzung wird von Dr. John Bowden für die SCM Press (London) vorbereitet.

Göttingen, den 16. Juli 1997   *Gerd Lüdemann*

Verständigung mit der Leserschaft

Die evangelische und die römisch-katholische Kirche sind politisch nach wie vor ein wichtiger Bestandteil unseres Staates und unserer Gesellschaft – und nicht nur dies: Sie und ihre Verkündigung haben in fast allen Bereichen der Erziehung und Kultur eine nicht zu unterschätzende Bedeutung, auch wenn dies den daran unmittelbar Beteiligten nicht immer klar ist. Für die geistig-seelische Hygiene der einzelnen und die gedeihliche Entwicklung der Demokratie in Deutschland ist es daher notwendig, auch die tragenden Grundpfeiler der Kirchen unter die Lupe zu nehmen. Ich habe das vor einigen Jahren hinsichtlich der Auferstehung Jesu durchgeführt, die herkömmlich als *das* Fundament des christlichen Glaubens gilt, und lege nun eine allgemeinverständliche Arbeit zur Jungfrau Maria vor. Dies geschieht deswegen, weil die Geburt Jesu aus der Jungfrau Maria vielerorts der Grundpfeiler für die Annahme ist, Jesus sei der Sohn Gottes gewesen. Insofern sind die wunderbare Geburt Jesu und seine mirakulöse Auferstehung aus dem Grab nur zwei Seiten ein und derselben Medaille.

Die mancherorts – besonders im Protestantismus – betriebene Aufweichung der Jungfrauengeburt bei um so härterer Verteidigung der Auferstehung als eines unentbehrlichen Requisits der kirchlichen Rumpelkammer ändert daran nichts. Dies ist wohl lediglich das letzte Rückzugsgefecht eines Glaubens, der, schlaff und müde geworden, nur noch dahinsiecht, aber in der »Auferstehung« den letzten Rettungsanker zu ergreifen meint. Dieses moderne Christentum ist ungläubig und gläubig zugleich, willkürlich, sich selbst widersprechend und eigentlich nur noch ein inhaltsleerer Name, wenn man die zusätzliche Probe macht und danach fragt, ob diesem Christentum zufolge Jesus überhaupt zum Gericht wiederkommt und ob es Gott überhaupt gibt. Auch hierauf fallen die Antworten dann verschieden aus, von dem Tadel angefangen, daß man so zu fragen wage, bis hin zu der Auskunft, daß Gott im Werden existiere. An solche wolkigen Antworten müssen sich notwendigerweise noch mehr Fragen anschließen.

Man hat mir neuerdings von seiten dieser modernen Zirkel, die immer auf der Höhe der Zeit sein wollen, zum Zwecke der Disqualifizierung den Vorwurf gemacht, aufklärerischer oder historischer Fundamentalist zu sein, religiösen Raubbau zu betreiben und immer nur Zweifel zu säen. Nun gehört die »Fähigkeit zu zweifeln und insbesondere die, den Zweifel längere Zeit zu ertragen, …zu den seltensten auf diesem Planeten. In Wahrheit ist der Mensch jenes Säugetier, das die Ungewißheit sehr schlecht verträgt und eine tiefe Sehnsucht nach festen Überzeugungen hat« (Reik 1927: 382). Gerade weil unsere Menschennatur so beschaffen ist und das Dasein ohne Illusionen nicht ertragen kann, nehme ich das Schimpfwort des historischen bzw. aufklärerischen Fundamentalismus gern positiv auf. Ich möchte lieber in einem auf solidem Fundament gebauten Haus wohnen als in einem priesterlichen Luftschloß. Der Eindruck legt sich nahe, daß der genannte Vorwurf nur die eigene Glaubensschwäche übertünchen soll und dabei voraussetzt, die Theologie müsse – wie eine Zauberin – den Zweifel erledigen (vgl. Hirsch 1989: 13). Wer von religiösem Raubbau durch die radikale historische Kritik spricht, sollte unverzüglich seine eigenen Grundlagen klären, um nicht den Vorwurf einer frei schwebenden, vagabundierenden Glaubenssehnsucht auf sich zu ziehen. Gerade zur Frage der Grundlagen des Glaubens hat die historische Kritik einen lebenswichtigen Beitrag zu leisten, weil sie erst einmal herausarbeitet, was die ersten Christen eigentlich geglaubt haben. Dabei bleibt es Aufgabe auch der historischen Wissenschaft, die Welt zu entzaubern, um den Frieden zwischen Menschen verschiedenen Glaubens anzubahnen, den die großen Religionen einschließlich ihrer Untergruppierungen nicht ermöglicht, ja, in den letzten Jahrhunderten sogar nach Kräften verhindert haben. Es will erst einmal gewürdigt sein, daß in Europa die Religionskriege zwischen Katholiken und Protestanten nicht aufgrund besserer Einsicht beendet, sondern ausschließlich durch die Hand des profanen Staates einer Lösung zugeführt wurden. Mit anderen Worten: Erst die Entdeckung und das Zur-Geltung-Bringen der Vernunft konnten die weitere gegenseitige Zerfleischung der beiden Kirchen, die angeblich denselben Herrn haben, abwenden.

Die Forderung lautet daher auch heute: Frieden stiften durch Aufklärung. Dieses Gebot hat für die wissenschaftliche Theologie zur Konsequenz, die Entzauberung der Glaubensgrundlagen beharrlich fortzusetzen, um ein besser tragendes Fundament zu legen – und den christlichen Glauben bei seinem Anspruch zu behaften, daß das göttliche Wort, Jesus Christus, Fleisch wurde. Wer innerhalb von Theologie und Kirche dieser Aufgabe nicht unter Einsatz aller Kräfte nachgeht, sollte lieber gleich offen einen Standpunkt beziehen, für den historische Tatsachen keine Bedeutung haben. Eine solche Position führt aber unausweichlich zu einem religiösen Fundamentalismus, dem es an Dialogbereitschaft, Kritikfähigkeit und Offenheit gebricht. Sie verläßt den Boden der Neuzeit, in der auch für die Christen das Problem der Geschichte die Schicksalsfrage überhaupt geworden ist.

Gegenwärtig gibt es zwei Wege, dem angesprochenen Dilemma zu entgehen. Der *erste* besteht darin, daß Pfarrer seelenruhig auf etwas ordiniert werden, was sie nicht mehr zu glauben brauchen. Dieser Weg wird offenbar von leitenden Kirchenfunktionären favorisiert, denen es vorwiegend um die Bewahrung bestehender Strukturen geht. Sie fördern beispielsweise sogar Diskussionen um die Gültigkeit des Apostolischen Glaubensbekenntnisses, ohne an seine Abschaffung auch nur zu denken. Die Devise scheint zu lauten: Wenn die Kinder sich ausgetobt haben, können wir wieder zur Tagesordnung übergehen und alles beim alten lassen. Ich habe dazu vor kurzem in einer kirchlichen Wochenzeitschrift geschrieben:

Das Glaubensbekenntnis abschaffen? Was für eine hypothetische Diskussion. Innerhalb unserer Kirchen führt man sie nur unter der Bedingung, daß das Glaubensbekenntnis doch niemals beerdigt wird. Diejenigen, die über die Frage rein akademisch diskutieren dürfen, gleichen Figuren in einem Sandkasten, dessen Bretterbegrenzung die Kirchenleitungen sorgfältig hüten. Die Größenordnungen sind festgelegt: Würden die Figuren zu Menschen und so aus dem Sandkasten herauswachsen, wären die Spielregeln verletzt.

Doch die Lage ist sehr ernst: Im Wirrwarr der Interpretationen bleibt dunkel, was wir wirklich glauben.

»Auferstanden von den Toten« verstehen manche als geschichtliches Ereignis, andere wollen die Auferweckung gerade nicht so aufgefaßt wissen. Sie fügen allerdings sofort hinzu, in dem Bild der Auferstehung würde unverzichtbar gesagt, worauf es im christlichen Glauben ankommt. Aber woran macht sich dieses Bild fest, wenn Jesus nachweislich starb und nicht auferstand? Hier liegt, wie bei allen anderen Artikeln des Glaubensbekenntnisses, ein ungeheurer Klärungsbedarf vor.

Ich will verstehen und darum wissen, was ich glaube. Es handelt sich hier nicht um Interpretationen und Vorläufigkeiten, sondern um die letzten Fragen. Wir leben nur ein einziges Mal und müssen wissen, worauf es ankommt. Zu leben bedeutet ein Wagnis eingehen, loslassen und vom sicheren Ufer abstoßen, ins Unbekannte vordringen. Es bedeutet auch, nein zu sagen und Abschied von den vertrauten Denkbarrieren zu nehmen. Doch das Brett vor dem Kopf ist noch einmal aus anderem Holze gemacht als der Balken im Auge: Jenen spürt man vielleicht nicht einmal. Das Brett aber, obwohl es drückt, erscheint trotzdem nötig. Es wird scheinheilig bejaht, gerade weil es Neugierde, Wissensdurst und sogar die Sehnsucht nach dem Leben selbst blockiert (Das Sonntagsblatt Nr. 7/14.2.1997).

Den *anderen* Weg, mit dem angesprochenen Dilemma umzugehen, habe ich oft im Gespräch mit Pastorinnen und engagierten Kirchenchristinnen kennengelernt. Sie verweisen darauf, daß sich Kirche an der Basis ereigne und man »Kirche« nicht mit »Kirchenleitung« gleichsetzen dürfe. An der Basis stellten sich die künstlichen Probleme der Dogmatik nicht mehr, und die Frage nach dem wörtlichen Verständnis der Jungfrauengeburt und der Auferstehung sei längst überholt.

Ich teile diesen Optimismus nicht. Er ist ahnunglos, viel zu gutwillig und, wie die Erfahrung zeigt, schutzlos gegenüber der Kirchenleitung. Denn wie viele Frauen sind in den letzten 20 Jahren in kirchenleitende Positionen aufgerückt? Wie viele der undogmatischen Positionen der Basis finden beispielsweise ein Echo in den offiziellen Stellungnahmen der evangelischen Kirche? Wo in der Kirchenleitung finden sich wirkliche Fürsprecher für die Frauen an der Basis?

Ich kann beide Wege daher nur als Ausweichmanöver angesichts eines heillosen Dilemmas ansehen, das so formuliert werden kann: In der Kirche wird ein Glaube bekannt, dessen Hauptbestandteile historisch ein für allemal widerlegt worden sind, von der Geburt Jesu aus der Jungfrau angefangen bis hin zu seiner angeblichen Auferstehung aus dem Grabe. Es ist für die Gläubigen auf die Dauer ein unerträglicher Zustand, wenn sie ihrer historischen Fundamente beraubt sind und alles eigentlich nur im übertragenen Sinne verstehen dürfen, aber trotzdem jeden Sonntag wörtlich das Glaubensbekenntnis nachsprechen. Hier ist eine gründliche Remedur vonnöten, die den gegenwärtigen Zustand der Heuchelei überwindet und eine tragfähige Basis schafft. Voraussetzung für diese Remedur ist aber das eigene Eingeständnis, daß das Tote tot und alle Wiederbelebungsversuche der genannten Grundlagen des Glaubens vergeblich sind.

Jede wissenschaftliche Verneinung ist dabei ein positiver Geistesakt, der die Bahn für das Neue bereitet. Aber dieses Neue droht vom Schutt kirchlicher Tradition am Wachsen gehindert zu werden. Es ist daher an der Zeit, den jungfräulichen Schleier zu lüften, der sich – gewebt aus einer Mischung von Dogmatik, Frömmigkeit und Phantasie – über die Gestalt der Maria gelegt hat. Maria, so meine Vermutung vorweg, bliebe lieber unverschleiert, weil sie so glaubwürdiger und menschlicher wird. Das gleiche gilt entsprechend für das frühe Christentum sowie für das Christentum im allgemeinen. Es gewinnt alles, wenn es ohne Schleier auftritt. Erst dann gelangt es aus dem Bereich der eunuchischen Kirchendogmatik in die fruchtbare Sphäre des Lebens, die zuweilen chaotisch, letztlich aber doch leuchtend, warm und schön ist.

Kapitel 1:
Einleitung

Bestandsaufnahme

Ein protestantisches Verwirrspiel

Allsonntäglich bekennen mit der Rezitation des Apostolischen Glaubensbekenntnisses die meisten Christen in allen Kirchen der Welt, daß Jesus von der Jungfrau Maria geboren worden sei. Nun stellen, wie eingangs erwähnt, moderne Protestanten durchweg die Historizität der Jungfrauengeburt in Abrede und verstehen sie im übertragenen Sinne. Einige typische Beispielsätze, allesamt aus der Feder renommierter Systematiker der Gegenwart, mögen dies belegen. *Wilfried Joest* schreibt:

»Die Frage, ob es sich [sc. bei der Jungfrauengeburt] wirklich um die Tatsache eines von Gott gewirkten *realen* Zeichens oder (was mir… wahrscheinlicher ist) um ein im Glaubensdenken früher Christen erwachsenes *symbolisches* Zeichen für das Ursprungsgeheimnis Jesu handelt, sollte offen bleiben… Auch wenn es sich nur um ein symbolisches Zeichen handelt, behält es für den Glauben seinen Sinn als Ausdruck der Wahrheit, daß Jesus der ›eingeborene‹ Sohn ist, nicht aus menschlicher Möglichkeit geworden, sondern aus dem Willen und der Tat Gottes zu uns gekommen« (Joest 1989: 241).

Kritik: Die Unterscheidung von realem und symbolischem Zeichen wird den biblischen Texten zur Jungfrauengeburt nicht gerecht. So fragt Maria auf die Ankündigung ihrer Schwangerschaft hin: »Wie wird dies geschehen, da ich keinen Mann kenne« (d.h. mit keinem Mann sexuellen Verkehr habe)? Die Antwort des Engels Gabriel stellt fest, daß die normale Zeugung eines Kindes durch einen Mann außer Kraft gesetzt wird: (Nicht ein Mann wird mit dir schlafen und dich befruchten, sondern) »heiliger Geist wird über dich kommen, und Kraft des Höchsten wird dich überschatten« (Lk 1,35). Das ist real und nicht übertragen gemeint.

Wolfhart Pannenberg führt aus:

»…der heutige Christ (kann) sehr wohl die Intention bejahen…, aus der die Geschichte der jungfräulichen Geburt Jesu entstanden ist, wenn auch diese Intention über den Ausdruck, den sie in der Geburtslegende gefunden hat, hinausgewachsen ist zum Gedanken der Präexistenz der Sohnschaft Jesu im ewigen Wesen Gottes. Der heutige Christ kann ferner auch die Intentionen teilen, deretwegen diese Formel in das Bekenntnis aufgenommen worden ist. In erster Linie ging es dabei darum, daß der Sohn Gottes wirklich identisch ist mit dem geschichtlichen Menschen Jesus von Nazareth… Dazu gehört zweitens, daß Jesus nicht erst von irgendeinem Zeitpunkt seiner Geschichte an zum Sohne Gottes wurde, sondern in seiner Person von Anfang an dieser eine Sohn Gottes, der Mittler der Herrschaft Gottes für die Menschheit gewesen ist und ist. So gesehen bringt die Formel von der Jungfrauengeburt die Endgültigkeit der Offenbarung Gottes in Jesus, der Verbindung Gottes mit diesem Menschen und durch ihn mit der Menschheit zum Ausdruck« (Pannenberg 1990: 84).

Die Frage, ob die von Pannenberg postulierte Intention tatsächlich mit der identisch ist, aus der heraus die Geschichte von der Jungfrauengeburt entstanden ist, mag hier auf sich beruhen. Fest steht jedenfalls, daß es nur als inkonsequent bezeichnet werden kann, wenn Pannenberg befürwortet, die auch von ihm als unhistorisch bezeichnete Jungfrauengeburt weiterhin zu bekennen. Und er selbst scheint etwas von dieser Inkonsequenz zu ahnen, wenn er fortfährt: »Die Alternative wäre ja nicht eine Änderung nur dieser Formulierung, sondern damit des ganzen Bekenntnisses überhaupt, das nur in seiner klassisch gewordenen Form das Zeichen der Einheit der Christenheit durch die Geschichte hin ist« (S. 85).

Die Dinge auf den Kopf stellt *Wilfried Härle*: Zum einen könne die Lehre von der Jungfrauengeburt dazu führen, daß Jesus Christus als eine Art Halbgott erscheine, der weder wahrhaft Mensch noch wahrhaft Gott sei (1995: 349). Zum anderen könnte sie in der Weise mißverstanden werden, »daß die menschliche Sexualität ausgeschlossen werden müsse, um den göttlichen (und damit sündlosen) Ursprung Jesu Christi beschreiben zu können. Damit würde aber… die menschliche Sexualität in einem solch gefährlichen Maß in die Nähe der Sünde gerückt, daß ihre Kreatürlichkeit und damit gegebene Natürlichkeit kaum noch unbefangen wahrgenommen werden kann« (S. 350).

Diese theologischen – »und nicht etwa die ebenfalls zu bedenkenden naturwissenschaftlich-medizinischen Einwände« (sic!) – seien »die Hauptgründe, warum die Lehre von der Jungfrauengeburt als problematisch, ja als gefährlich zu beurteilen ist« (ebd.). Härle fährt fort:

»Aber trotz dieser Gefährlichkeit scheint es mir *nicht* richtig, die Bekenntnisformulierung: ›empfangen durch den Heiligen Geist, geboren von der Jungfrau Maria‹ für ›erledigt‹ zu erklären. Sie weist nämlich auf ein theologisch zu bedenkendes Problem hin und enthält zur Lösung dieses Problems einen bedenkenswerten Hinweis. Das gilt freilich nur dann, wenn man die Rede von der Jungfrauengeburt, wie alle anderen Aussagen, die die Wirklichkeit und das Wesen Gottes betreffen, als *metaphorische* Rede erkennt und anerkennt... In der Jungfrauengeburt ist die menschliche Beteiligung [sc. an der Inkarnation] nicht ausgeschaltet oder ausgeschlossen, aber auf das Einwilligen und Empfangen beschränkt... Die spezifisch *männliche* Art der Beteiligung (die freilich keineswegs auf Männer beschränkt ist) wird also durch die Rede von der Jungfrauengeburt als für das Geheimnis des göttlichen Ursprungs Jesu Christi ungeeignet ausgeschlossen, womit keineswegs die menschliche Beteiligung überhaupt ausgeschlossen ist« (S. 350f).

Zu der in allen diesen Voten betriebenen symbolisch-metaphorischen Umdeutung der Jungfrauengeburt vgl. man die allgemeine Beobachtung von Christoph Türcke:

»Die Methode ist jedesmal gleich: Unterteilung der dogmatischen Aussagen in diejenigen, die man noch für bare Münze nehmen kann, und diejenigen, die man besser metaphorisch nimmt. Das Kriterium dabei ist aber gerade nicht die innere Logik, die einst den Zusammenhang der Dogmen zu einem geistigen Gebilde ersten Ranges machte, sondern die Frage, womit moderne Menschen sich noch identifizieren mögen und womit nicht mehr. So kommen etwa das Heilshandeln Gottes und der Erlösungstod Christi ins Töpfchen der Fakten, die Jungfrauengeburt und der Teufel ins Kröpfchen der Metaphern« (1992: 67).

Die Macht der Liturgie und die Konsequenzen

Zieht man demgegenüber die offiziellen Äußerungen der Evangelischen Kirche in Deutschland heran, so stellt sich der Befund etwas anders dar. In den Ausführungen zu Maria ist die fehlende Historizität der Jungfrauengeburt niemals ein Thema. Beispielsweise ergab eine Überprüfung der bischöflichen Verlautbarungen zum Weihnachtsfest der letzten Jahre, daß an keiner einzigen Stelle die in der

Bibel erzählte Jungfrauengeburt als ungeschichtlich bezeichnet wird. Dieser Eindruck verstärkt sich angesichts des folgenden Befundes: Die Liturgie und die Lieder nicht nicht nur zum Weihnachtsfest heben deutlich, eindrücklich und unmißverständlich die Jungfräulichkeit der Maria hervor und zementieren damit ihre einzigartige, jungfräuliche Rolle im christlichen Glauben. Mag der Christ im Religions- oder sogar im Konfirmandenunterricht auch noch so viele Argumente dagegen vernehmen und denkend nachvollziehen, so werden diese in den Ritualen und Liturgien des Gottesdienstes doch sofort wieder eingeschränkt, wenn nicht aufgehoben. Daher seien im folgenden zur Jungfräulichkeit der Maria einige Beispiele aus dem neuen Evangelischen Gesangbuch (= EG, 1994) für verschiedene Zeiten und Anlässe des Kirchenjahres gegeben. Sie veranschaulichen eindrücklich, in was für eine dogmatische Scheinwelt der Normalchrist entführt wird, wenn er am Gottesdienst teilnimmt.

Advent:

EG 4,1 (Martin Luther, 1524):
Nun komm, der Heiden Heiland,
der Jungfrauen Kind erkannt,
daß sich wunder alle Welt,
Gott solch Geburt ihm bestellt.

EG 12,3 (Heinrich Held, 1658):
Zions Hilf und Abrams Lohn,
Jakobs Heil, *der Jungfrau Sohn,*
der wohl zweigestammte Held
hat sich treulich eingestellt.

Weihnachten:

EG 23,1 (Martin Luther, 1524):
Gelobet seist du, Jesu Christ,
daß du Mensch geboren bist
von einer Jungfrau, das ist wahr;
des freuet sich der Engel Schar.
Kyrieleis.

EG 24,2 (Martin Luther, 1535):
Euch ist ein Kindlein heut geborn
von einer Jungfrau auserkorn,
ein Kindelein so zart und fein,
das soll eu'r Freud und Wonne
sein.

EG, Nordelbischer Liederteil 541,1–3
(Vf. unbekannt; 1525/29):

1. Der Tag, der ist so freudenreich
aller Kreature;
denn Gottes Sohn vom
Himmelreich über die Nature
von einer Jungfrau ist geborn.
Maria, du bist auserkorn,
daß du Mutter wärest.
Was geschah so wundergleich?
Gottes Sohn vom Himmelreich,
der ist Mensch geboren.

2. Ein Kindelein so löbelich
ist uns geboren heute
von einer Jungfrau säuberlich,
zu Trost uns armen Leuten.
Wär uns das Kindlein nicht geborn,
so wärn wir all zumal verlorn;
das Heil ist unser aller.
Ei du süßer Jesu Christ,
daß du Mensch geboren bist!
Behüt uns vor der Hölle.

3. Groß Wunderding sich bald begab,
wie uns die Schrift tut melden:
ein Engel kam vom Himmel herab
zu'n Hirten auf das Felde.
Ein großes Licht sie da umfing,
der Engel Gottes zu ihn' ging,
verkündt ihn' neue Märe,
daß zu Bethlehem in der Stadt
ein zart Jungfrau geboren hat
den Heiland aller Welte.

Passion:

EG 76,1 (Sebald Heyden, um 1530):
O Mensch, bewein dein Sünde groß,
darum Christus seins Vaters Schoß
äußert und kam auf Erden;
von einer Jungfrau rein und zart
für uns er hier geboren ward,
er wollt der Mittler werden.
Den Toten er das Leben gab
und tat dabei all Krankheit ab,
bis sich die Zeit herdrange,
daß er für uns geopfert würd,
trüg unsrer Sünden schwere Bürd
wohl an dem Kreuze lange.

Liturgische Gesänge (Te Deum):

Aus **EG 191** (Martin Luther, 1529):
Du König der Ehren, Jesu Christ,
Gott Vaters ewger Sohn du bist;
der Jungfrau Leib nicht hast verschmäht,
zu erlösen das menschlich Geschlecht.

Taufe und Konfirmation:

EG 203,1 (Johannes Freder, um 1555):
Ach lieber Herre Jesu Christ,
der du ein Kindlein worden bist,
von einer Jungfrau rein geborn,
daß wir nicht möchten sein verlorn...

Rechtfertigung und Zuversicht:

EG 341,6 (Martin Luther, 1523):
Der Sohn dem Vater g'horsam ward,
er kam zu mir auf Erden
von einer Jungfrau rein und zart;
er sollt mein Bruder werden.
Gar heimlich führt er sein Gewalt,
er ging in meiner armen G'stalt,
den Teufel wollt er fangen.

Gemeinsamkeiten und ihre schädlichen Folgen

Ein Weiteres kommt hinzu: Seit längerer Zeit besteht zwischen den beiden großen Kirchen Deutschlands die stillschweigende Überein-kunft, in der Öffentlichkeit nach Möglichkeit gemeinsam aufzutre-ten. Bekannte Beispiele dafür sind das »Wort des Rates der Evangeli-schen Kirche in Deutschland und der Deutschen Bischofskonferenz zur wirtschaftlichen und sozialen Lage in Deutschland« (Titel: »Für eine Zukunft in Solidarität und Gerechtigkeit«, publiziert 1997) und die in ökumenischer Perspektive organisierte »Woche für das Le-ben« (1.-7. Juni 1997), die sich gezielt an die bundesrepublikanische Öffentlichkeit richtete. Diese gehäuften gemeinsamen Auftritte führen dazu, daß beide Kirchen als *eine* Gruppe gesehen werden und daß beispielsweise die Marienlehre der römisch-katholischen Seite von der Öffentlichkeit in vollem Ausmaß auf den evange-lischen Partner übertragen wird. Die unangenehme Folge ist, daß

Menschen auch deswegen die protestantische Kirche verlassen, weil sie mit bestimmten römisch-katholischen Lehren nicht mehr übereinstimmen – und das gilt in besonderem Maße für die über die Jungfrau Maria.

Die ökumenische Situation

Zusätzlich ist die ökumenische Situation im Auge zu behalten. Vertreter der russisch-orthodoxen Kirche fassen sich an den Kopf, wenn sie die historisch-kritische Arbeit in den westlichen Kirchen und die daraus gezogenen Folgerungen zur Kenntnis nehmen. Insbesondere kann weder die Ordination von Frauen noch die nicht mehr nur negative Bewertung der Homosexualität von russisch-orthodoxer Seite jemals akzeptiert werden. Daher sind gegenwärtig (1997) ca. 40 % der russisch-orthodoxen Bischöfe ökumenefeindlich eingestellt. Ferner besteht für die orthodoxe Kirche kein Zweifel daran, daß Jesus leiblich auferstanden und Maria selbstverständlich immerfort Jungfrau geblieben sei.

Nun ist der deutsche Protestantismus der ökumenischen Idee, dem Gedanken der Einheit aller Christen, verpflichtet. Die Dachorganisation der deutschen Protestanten, die Evangelische Kirche in Deutschland (EKD), finanziert – sage und schreibe – fast die Hälfte des Haushaltes des Ökumenischen Rats der Kirchen (ÖRK), mehr als doppelt soviel wie ihre evangelischen Partnerkirchen in den USA (vgl. die Zahlen bei Besier 1997: 61). Die Mehrheit der Mitgliedskirchen des ÖRK aber versteht die Jungfrauengeburt getreu der christlichen Tradition in buchstäblichem Sinn. Daher überrascht es nicht, daß führende Vertreter der EKD trotz eindeutiger historischer Fakten und trotz besserer eigener Einsicht die Jungfrauengeburt Jesu aus Maria nicht thematisieren und lieber mit der Wahrheit hinter dem Berg halten.

Zum weiteren Vorgehen

Angesichts des oben dargestellten protestantischen Verwirrspiels und der prekären ökumenischen Situation ist es nicht verwunderlich, daß der uneingeweihte Betrachter gar nicht mehr weiß, was in den Kirchen bezüglich der Jungfrauengeburt gelehrt wird und was die Christen wirklich glauben (sollen).

Um an diesem Punkte Klarheit anzubahnen, ist zunächst als Teil der Einleitung darzustellen, wie Martin Luther und die Bekenntnisschriften der evangelisch-lutherischen Kirche (= BSLK) Maria verstehen. Danach wende ich mich der traditionellen römisch-katholischen Lehre über Maria zu, stelle katholische Marienfrömmigkeit dar und formuliere nach einem Überblick über neuere protestantische Wertungen der Maria die historische Aufgabenstellung des Buches.

Maria bei Martin Luther
und in den lutherischen Bekenntnisschriften

Martin Luther

Nach Luthers *Kommentar zu Psalm 22,10* (»Du hast mich aus meiner Mutter Leibe gezogen«) aus dem Jahre 1513/16 wurde Jesus Christus aus dem Schoß der Maria gezogen und in den des Vaters aufgenommen. Das Ziehen geschah ohne Verletzung der Natur und offenbarte gleichzeitig ihre Ohnmacht, einen solchen Sohn hervorzubringen (vgl. WA 3, S. 136).

Besonderes Gewicht legte Luther bei der Auslegung von Jes 7,14 (»Siehe, die *almah* ist schwanger und wird einen Sohn gebären, den wird sie nennen Immanuel«) auf die Deutung des hebräischen Wortes *almah* im Sinne von *bethulah* (= Jungfrau; vgl. WA 11, S. 322f). Er verteidigte daher die Jungfrauenschaft der Maria und wollte einhundert Gulden dem zahlen, der den Nachweis führt, *almah* bedeute nicht Jungfrau, sondern junge Frau (vgl. WA 53, S. 634). Dieser Nachweis ist inzwischen erbracht; Luther müßte den Betrag bezahlen (vgl. Luz 1992: 107).

In seiner *Auslegung des Magnificat* (= Lk 1,46–55) aus dem Jahre 1521 hält Luther unzweideutig fest, die heilige Jungfrau Maria sei »übernatürlich, (in) unversehrter Jungfrauschaft, eine Mutter geworden« (WA 7, S. 549). Die »zarte Gottesmutter« möge man als leuchtendes Vorbild eines christlichen Lebens betrachten, das ganz aus Glaube und Gottes Gnade bestehe.

Luthers *Kleiner Katechismus* (1529) erwähnt die Jungfrauengeburt im Glaubensartikel von der Erlösung (ebenso der *Große Katechismus* aus demselben Jahr). Die nachfolgende Auslegung geht freilich nicht darauf ein. Der Grund hierfür liegt darin, daß die Jungfrauengeburt keiner Erläuterung bedarf. Sie ist selbstverständlich.

In Luthers *Schmalkaldischen Artikeln* (1537) wird im ersten Teil der Artikel im christologischen Abschnitt formuliert: »Daß der

Sohn sei also Mensch geworden, daß er vom heiligen Geist ohne männliches Zutun empfangen und von der reinen, heiligen Jungfrau Maria geboren sei« (BSLK, S. 414).

Luther hat auch den Ausdruck »Gottesgebärerin« des Konzils von Ephesus aus dem Jahre 431 bejaht. Das Konzil hat nach Luther nichts Neues im Glauben festgestellt, sondern nur den alten Glauben verteidigt. Denn dieser Artikel sei von Anfang an in der Kirche vorhanden gewesen (vgl. WA 50, S. 590 f). (Vgl. zu Luther den Überblick bei Grass 1991: 44–57.)

Lutherische Bekenntnisschriften

Die soeben genannten Schriften Luthers, der Kleine und der Große Katechismus sowie die Schmalkaldischen Artikel, sind auch Teil der Bekenntnisschriften der evangelisch-lutherischen Kirche. Ihr Verständnis der Jungfrauengeburt muß daher an dieser Stelle nicht wiederholt werden. Wir wenden uns nur noch drei weiteren Dokumenten der lutherischen Bekenntnisschriften zu, dem Augsburger Bekenntnis samt seiner Apologie und der Konkordienformel.

Das von Philipp Melanchthon verfaßte *Augsburger Bekenntnis* (1530) übernimmt selbstverständlich die Lehre von der Jungfrau Maria und von der jungfräulichen Geburt Christi dort, wo man sich auf das altkirchliche Bekenntnis beruft. In Artikel III wird gelehrt, »daß Gott der Sohn sei Mensch geworden, geboren aus der reinen Jungfrau Maria« (BSLK, S. 54).

Die ebenfalls aus der Feder Philipp Melanchthons stammende *Apologie des Augsburger Bekenntnisses* aus dem Jahre 1531 enthält keine Ausführungen zur Jungfrauengeburt. Dagegen findet sich in Artikel XXI (»Von der Anrufung der Heiligen«) eine Kritik am Marienkult. Mit Bezug auf eine damals gängige Absolutionsformel (»Das Leiden unseres Herrn Jesu Christi, die Verdienste der allerseligsten Jungfrau Maria und aller Heiligen sollen dir zur Vergebung der Sünden sein«) und ein Gebet (»Mutter der Gnaden, behüte uns vor dem Feind, nimm uns auf in der Todesstunde!«) schreibt Melanchthon:

»Wie sehr wir auch zugestehen, daß die selige Maria für die Kirche betet – nimmt sie (etwa) selbst die Seelen im Tode auf, besiegt sie den Tod, macht sie lebendig? Was tut Christus, wenn das die selige Maria tut? Wenn sie auch der höchsten Ehren Würdigste ist, will sie doch nicht Christus gleichgestellt werden, sondern sie will vielmehr, daß wir ihre beispielhaften Taten im Auge haben und umfassen. Aber die Erfahrung selbst bestätigt, daß nach der

23

öffentlichen Meinung die selige Jungfrau ganz und gar an die Stelle Christi getreten ist. Die Menschen riefen sie an, vertrauten auf ihre Barmherzigkeit, wollten durch sie Christus versöhnen, als wenn jener nicht der Versöhner, sondern nur der schreckliche Richter und Rächer wäre... Wir (aber) wissen, daß alleine Christi Verdienste für uns die Versöhnung sind... Man darf also nicht darauf vertrauen, daß wir für gerecht gehalten werden durch die Verdienste der seligen Jungfrau oder der anderen Heiligen« (BSLK, S. 322f; Übersetzung des lateinischen Textes).

Die *Konkordienformel* aus dem Jahre 1577, letzter Teil der Bekenntnisschriften, auf die nach wie vor alle lutherischen Pastor(inn)en ordiniert werden, macht folgende Aussage zur Jungfrau Maria:

»Um dieser persönlichen Vereinigung und Gemeinschaft willen der Naturen (= der göttlichen und der menschlichen Natur Jesu Christi) hat Maria, die hochgelobte Jungfrau, nicht einen pur lauteren Menschen, sondern einen solchen Menschen, der wahrhaftig der Sohn Gottes des Allerhöchsten ist, geboren, wie der Engel (be)zeuget; welcher seine göttliche Majestät auch im Mutterleibe erzeiget, daß er von einer Jungfrau unverletzt ihrer Jungfrauschaft geboren; darum sie wahrhaftig Gottes Mutter und gleichwohl eine Jungfrau geblieben ist« (BSLK, S. 1024).

Mit anderen Worten: Diese Bekenntnisschrift lehrt nicht nur die Jungfrauengeburt, sondern wie Martin Luther ausdrücklich auch die Unverletztheit des Jungfernhäutchens der Maria während der Geburt. Das offizielle lutherische Bekenntnis hat an diesem Punkt eine viel größere Nähe zur römisch-katholischen Lehre von Maria, als gemeinhin bekannt ist.

Maria in der römisch-katholischen Lehre

Es gibt vier Glaubensartikel, die für Katholiken über Maria bindend sind:
1. die göttliche Mutterschaft,
2. die immerwährende Jungfrauenschaft,
3. die unbefleckte Empfängnis und
4. die leibliche Himmelfahrt der Maria.
   Wir gehen die Punkte der Reihe nach durch und weisen jeweils nach, was der im Jahre 1993 publizierte »Katechismus der katholischen Kirche« zu den einzelnen Fragen ausführt. Das legt sich auch

deswegen nahe, weil in diesem Dokument von höchster päpstlicher Seite her der katholische Glaube einer weiten Öffentlichkeit vorgelegt wurde. Die hohe Auflage und die Verbreitung in allen modernen Sprachen dürften ein beredtes Zeichen für die Allgemeingültigkeit des Katechismus sein. Die im folgenden zitierten Sätze spiegeln also tatsächlich den aktuellen katholischen Glauben über Maria, die Mutter Jesu, wider. Zum Vergleich erfolgt im Anschluß an die einzelnen Nachweise jeweils ein kurzer Blick auf die reformatorische Lehre des 16. Jh.s und auf die der griechisch-orthodoxen Kirche der Gegenwart. Dies geschieht, um die Gemeinsamkeiten der drei großen Kirchen auszuloten.

1. Göttliche Mutterschaft

Katechismus der katholischen Kirche, § 466:

»...Die menschliche Natur Christi hat kein anderes Subjekt als die göttliche Person des Sohnes Gottes, die sie angenommen und schon bei der Empfängnis sich zu eigen gemacht hat. Deswegen hat das gleiche Konzil (sc. von Ephesus) verkündet, daß Maria dadurch, daß sie den Sohn Gottes in ihrem Schoß empfing, wirklich ›Gottesgebärerin‹ geworden ist, ›nicht etwa weil die Natur des Wortes beziehungsweise seine Gottheit den Anfang des Seins aus der heiligen Jungfrau genommen hätte, sondern weil der vernünftig beseelte heilige Leib aus ihr geboren wurde; mit ihm hat sich das Wort der Hypostase [Person] nach geeint, und deshalb wird von ihm gesagt, es sei dem Fleische nach geboren worden‹ (DS 251)« (DS = Denzinger / Schönmetzer 1976).

§ 495: »In den Evangelien wird Maria ›die Mutter Jesu‹ genannt (Joh 2,1; 19,25). Weil der Heilige Geist dazu anregt, wird sie schon vor der Geburt ihres Sohnes als ›die Mutter meines Herrn‹ bejubelt (Lk 1,43). Der, den sie durch den Heiligen Geist als Menschen empfangen hat und der dem Fleische nach wirklich ihr Sohn geworden ist, ist ja kein anderer als der ewige Sohn des Vaters, die zweite Person der heiligsten Dreifaltigkeit. Die Kirche bekennt, daß Maria wirklich *Mutter Gottes*...ist.«

Jesus Christus war wirklicher Gott und wirklicher Mensch. Da seine Geburt als die Geburt des menschgewordenen Gottes zu betrachten sei, müsse die Mutter Jesu folgerichtig die Mutter Gottes genannt werden. Diese These haben Konzilsväter zum ersten Mal im Jahre 431 in Ephesus gutgeheißen und den Ausdruck »Gottesgebärerin« offiziell mit folgenden harten Worten bestätigt: »Wer nicht bekennt, daß der Emmanuel (vgl. Mt 1,23) in Wahrheit Gott und die heilige Jungfrau deshalb Gottesgebärerin ist, weil sie das fleischgewordene, aus Gott entstammende Wort dem Fleische nach geboren hat, der sei verflucht« (DS 252). – Diesen Beschluß des Konzils von Ephesus haben die *Reformatoren* nie in Frage gestellt (vgl. den vorigen Abschnitt). Er wird bis in die Gegenwart ausdrücklich auch von der *griechisch-orthodoxen Kirche* bekräftigt.

Der römisch-katholischen Mariologie der Gegenwart zufolge war Marias Rolle bei der Geburt Jesu eine aktive. Eine unwillige Empfängnis wäre eine unvollkommene Empfängnis, und diese würde eine unvollkommene Mutterschaft nach sich ziehen. Die Antwort Marias an den Engel: »Mir geschehe, wie du gesagt hast« (Lk 1,38), sei Ausdruck ihrer Empfängnisbereitschaft sowohl in physischer als auch in seelischer Hinsicht. Römisch-katholische Mariologen lehren beispielsweise, Maria habe ihren Sohn Jesus zuerst mit ihrer Seele durch Glauben empfangen, bevor die Empfängnis in ihrem Mutterleib stattfand. Dies ist zweifellos eine folgerichtige Auffassung, wenn man den gerade zitierten Text Lk 1,38 wörtlich versteht. Der Engel Gabriel hatte Maria angekündigt: »Siehe, du wirst schwanger werden und einen Sohn gebären, und du sollst ihm den Namen Jesus geben« (Lk 1,31). Auf die Frage der Maria, wie das angesichts ihres fehlenden sexuellen Verkehrs zugehen könne, antwortet der Engel: »Heiliger Geist wird über dich kommen, und Kraft des Höchsten wird dich überschatten ...« (Lk 1,35). Darauf ist Maria als »Magd des Herrn« zur Empfängnis bereit, und die Geschichte nimmt ihren bekannten Verlauf.

2. Immerwährende Jungfrauenschaft

Katechismus der katholischen Kirche, § 499:
»Ein vertieftes Verständnis ihres Glaubens an die jungfräuliche Mutterschaft Marias führte die Kirche zum Bekenntnis, daß Maria stets wirklich Jungfrau geblieben ist, auch bei der Geburt des menschgewordenen Gottessohnes. Durch seine Geburt hat ihr Sohn ›ihre jungfräuliche Unversehrtheit nicht gemindert, sondern geheiligt‹ (LG 57). Die Liturgie der Kirche preist Maria als die ›allzeit Jungfräuliche‹ [Aeiparthenos]« (LG = Dogmatische Konstitution über die Kirche »Lumen gentium« vom 21. Nov. 1964).

§ 500: Die Brüder und Schwestern Jesu seien als nahe Verwandte Jesu aufzufassen.

§ 501: »Jesus ist der einzige Sohn Marias. Die geistige Mutterschaft Marias aber erstreckt sich auf alle Menschen, die zu retten Jesus gekommen ist: ›Sie gebar einen Sohn, den Gott zum ›Erstgeborenen unter vielen Brüdern‹ (Röm 8,29) gesetzt hat, den Gläubigen nämlich, bei deren Geburt und Erziehung sie in mütterlicher Liebe mitwirkt‹ (LG 63).«

Die Ausführungen setzen drei Dinge voraus:

a) Maria war eine Jungfrau vor der Empfängnis Jesu, und die Empfängnis geschah ohne männliche Befruchtung und daher ohne die Beschädigung des Jungfernhäutchens der Maria (= vor der Geburt; lat. ante partum).

b) Maria blieb jungfräulich während der Geburt Jesu: In dem Prozeß der Geburt, als das Kind durch die natürlichen Kanäle des Leibes Marias hindurchging und auf die Welt kam, blieb ihr Jungfernhäutchen unbeschädigt (= bei der Geburt; lat. in partu).

Die Verfasser des Katechismus setzen in § 499 voraus, daß durch die Geburt Jesu die Jungfräulichkeit Marias hätte *gemindert* werden können. Daher machen sie hier auch eine Aussage zur Biologie. Zwar drehen und wenden sich katholische Theologen der Gegenwart an diesem Punkt und lassen sich als Helden der Ehrlichkeit feiern, wenn sie, wie Karl Rahner (1962) und Hans Küng (1992), eine symbolische Interpretation dieses auf dem Konzil von Konstantinopel im Jahre 553 festgelegten Dogmas und damit der Geburt Jesu aus der Jungfrau Maria überhaupt zulassen. Die Ehrlichkeit an diesem Punkt in Ehren – diese bleibt nur ein Feigenblatt, wenn dieselben Theologen beispielsweise wider besseres Wissen unerbittlich an der leiblichen Auferstehung festhalten und generell der Meinung sind, der Mensch dürfe und könne Gott in seinem Wirken keine Grenzen setzen. Das ist ja zweifellos gut biblisch (vgl. Lk 1,37: »Denn bei Gott ist kein Ding unmöglich«) und einsichtig, wenn man den scholastischen Satz zugrunde legt: Gott konnte es, es geziemte sich, also tat er es auch (Deus potuit, decuit, igitur fecit). Aber wir haben es hier nicht mit dogmatischen Zwangsläufigkeiten zu tun, sondern mit historischen Wahrscheinlichkeiten, die so lange als *wahr* gelten, bis neue Argumente für andere Wahrscheinlichkeiten vorgebracht werden.

Man mag also noch so viele Tricks anwenden – sie können nichts an dem verbindlichen Zeugnis des Katechismus der katholischen Kirche ändern, daß das Dogma von der bleibenden Jungfräulichkeit der Maria auch eine biologische Seite hat und trotz einzelner Vermittlungsversuche weiterhin fest-steht.

c) Maria hatte keine anderen Kinder nach Jesus; und obwohl sie mit Joseph verheiratet war, hatte sie keinen geschlechtlichen Verkehr mit ihm (= nach der Geburt; lat. post partum).

Auch hier ist festzustellen, daß die *Reformatoren* im 16. Jh. mit dieser römisch-katholischen Lehre einverstanden waren. So stellte, wie oben gezeigt wurde, zur Zeit der Reformation der Ausdruck

»immerwährende Jungfrau« schon beinahe einen zweiten Namen für Maria dar, der so allgemein verbreitet war, daß auch Martin Luther und seine Nachfolger ihn benutzten, ohne seine Voraussetzungen näher zu erörtern. Wenn sie aber darauf zu sprechen kamen, waren auch sie der felsenfesten Überzeugung: Die Geburt Jesu fand ohne Verletzung des Jungfernhäutchens der Maria statt, und das blieb auch danach intakt.

Nach *griechisch-orthodoxer Lehre* hat Jesus nur Vettern (keine Brüder) gehabt. Der Mutterleib der Gottesgebärerin sei ein heiliger Tempel. In einem bekannten Lied der griechisch-orthodoxen Kirche heißt es: »Fremd ist den Müttern die Jungfräulichkeit und nicht eigen den Jungfrauen das Gebären; bei Dir, Gottesmutter, ward beides vorgegeben. Deshalb lobpreisen wir Dich zusammen mit allen Völkern der Erde.«

3. Unbefleckte Empfängnis

Katechismus der katholischen Kirche, § 491:

»Im Laufe der Jahrhunderte wurde sich die Kirche bewußt, daß Maria, von Gott ›mit Gnade erfüllt‹ (Lk 1,28), schon bei ihrer Empfängnis erlöst worden ist. Das bekennt das Dogma von der unbefleckten Empfängnis, das 1854 von Papst Pius IX. verkündigt wurde:

›…daß die seligste Jungfrau Maria im ersten Augenblick ihrer Empfängnis durch die einzigartige Gnade und Bevorzugung des allmächtigen Gottes im Hinblick auf die Verdienste Christi Jesu, des Erlösers des Menschengeschlechtes, von jeglichem Makel der Urschuld unversehrt bewahrt wurde‹ (DS 2803).«

§ 492: »Daß sie ›vom ersten Augenblick ihrer Empfängnis an im Glanz einer einzigartigen Heiligkeit‹ erstrahlt (LG 56), kommt ihr nur Christi wegen zu: Sie wurde im ›Hinblick auf die Verdienste ihres Sohnes auf erhabenere Weise erlöst‹ (LG 53). Mehr als jede andere erschaffene Person hat der Vater sie ›mit allem Segen seines Geistes gesegnet durch [die] Gemeinschaft mit Christus im Himmel‹ (Eph 1,3). Er hat sie erwählt vor der Erschaffung der Welt, damit sie in Liebe heilig und untadelig vor ihm lebe.«

§ 493: »Die ostkirchlichen Väter nennen die Gottesmutter ›die Ganzheilige‹ [Panhagia]; sie preisen sie als ›von jeder Sündenmakel frei, gewissermaßen vom Heiligen Geist gebildet und zu einer neuen Kreatur gemacht‹ (LG 56). Durch die Gnade Gottes ist Maria während ihres ganzen Lebens frei von jeder persönlichen Sünde geblieben.«

Die Lehre von der unbefleckten Empfängnis bezieht sich nicht auf die Geburt Jesu, wie fälschlicherweise oft angenommen wird, sondern auf die der Maria durch ihre Mutter Anna. (Dieser hatte Martin

Luther im Jahre 1505 in der Nähe von Erfurt das Gelübde abgelegt, ein Mönch zu werden.) Maria als Lagerstätte des Gottessohnes muß bereits ohne Sünde empfangen worden sein – so die innere Logik dieses Lehrsatzes, der erst seit dem 14. Jh. allmählich anerkannt wurde, den aber ein maßgeblicher Theologe wie Thomas von Aquin (1225–1274) bestritt: Maria »mußte in der Erbsünde empfangen werden, denn ihre Empfängnis war das Werk geschlechtlicher Vereinigung… Die geschlechtliche Vereinigung aber, die nach der Sünde des Stammvaters ohne sündliche Lust nicht stattfinden kann, leitet die Erbsünde in das Kind über« (Comp. theol. 224).

Die *Reformatoren* des 16. Jh.s zeigten sich dem Dogma der unbefleckten Empfängnis gegenüber spröde, da es nicht in der Schrift enthalten sei. Auch Maria fiel nach ihrer Auffassung unter die Erbsünde.

Die *griechisch-orthodoxe Kirche* kennt zwar das Fest der Empfängnis der Anna (9. Dezember); jedoch liegt bei ihr die Betonung nicht auf der »unbefleckten Empfängnis«, sondern darauf, daß die Eltern der Maria, Joachim und Anna, trotz ihres Alters Leben hervorbringen konnten. Zudem sieht die griechisch-orthodoxe Kirche ebenso wie die Kirche der Reformation Maria ganz auf der Seite der Menschen, die deswegen sterben müssen, weil sie gesündigt haben. Paulus schreibt nämlich Röm 3,23: Die Menschen »sind allesamt Sünder und ermangeln des Ruhmes, den sie bei Gott haben sollten«.

4. Leibliche Himmelfahrt

Katechismus der katholischen Kirche, § 966:

»›Schließlich wurde die unbefleckte Jungfrau, von jedem Makel der Erbsünde unversehrt bewahrt, nach Vollendung des irdischen Lebenslaufs mit Leib und Seele in die himmlische Herrlichkeit aufgenommen und als Königin des Alls vom Herrn erhöht, um vollkommener ihrem Sohn gleichgestaltet zu sein, dem Herrn der Herren und dem Sieger über Sünde und Tod‹ (LG 59). Die Aufnahme der heiligen Jungfrau ist eine einzigartige Teilhabe an der Auferstehung ihres Sohnes und eine Vorwegnahme der Auferstehung der anderen Christen.«

Als Kurztext formuliert der katholische Katechismus in § 974:

»Nach Vollendung ihres irdischen Lebenslaufes wurde die heiligste Jungfrau Maria mit Leib und Seele in die Herrlichkeit des Himmels aufgenommen, wo sie schon an der Auferstehungsherrlichkeit ihres Sohnes teilhat und so die Auferstehung aller Glieder seines Leibes vorwegnimmt.«

Das Dogma der körperlichen Himmelfahrt der Maria wurde im Jahre 1950 verkündigt und findet naturgemäß keine Zustimmung in der *griechisch-orthodoxen Kirche* der Gegenwart. Hier wird im kirchlichen Kalender am 15. August das wichtigste Fest »Entschlafen der Gottgebärerin« genannt. Auch die *Reformatoren* des 16. Jh.s hätten dieses Dogma abgelehnt. Am Ende der Bulle von Papst Pius XII. heißt es:

»... wir verkündigen, erklären und definieren, daß es ein göttlich offenbartes Dogma sei, daß die unbefleckte Gottesgebärerin, die immerwährende Jungfrau Maria, nachdem sie ihr irdisches Leben beendet hat, mit Körper und Seele in die himmlische Herrlichkeit aufgenommen wurde« (DS 3903).

Diesem Dogma zufolge ist der Leib Marias sofort nach Abschluß ihres Lebens in den himmlischen Körper verwandelt und damit in den Himmel versetzt worden. Auf welche Weise das geschehen sein soll, wird nicht ausgeführt. Selbst der Tod Marias erfährt keine Behandlung. Dies wird oft übersehen. Doch bleibt zu beachten: Gemäß dem Wortlaut der Bulle erfolgt die Aufnahme in den Himmel einfach nach der Beendigung des Erdenlebens. Auf dieser Grundlage sagen manche, Maria sei überhaupt nicht gestorben. Andere meinen, sie sei zwar gestorben, ihr Leichnam aber nicht verwest und nach der Auferweckung vom Tode sofort wieder mit der Seele vereinigt worden (vgl. z. B. Børresen 1988: 79f). Diese Fragen haben bisher noch keine endgültige Beantwortung erfahren, und römisch-katholische Theologen der Gegenwart diskutieren tatsächlich ernsthaft weiter darüber – ein Beispiel dafür, wie auf der Grundlage bestimmter, nachweislich irreführender Voraussetzungen reine Phantasiespiele betrieben und Luftschlösser errichtet werden. (Warum »fortschrittliche« Protestanten über diese Kritik nicht erhaben sind, wird unten S. 40–49 ausgeführt.)

Ertrag

Die zitierten Texte zu den vier bindenden katholischen Lehren über Maria in der Gegenwart sprechen für sich. Wer sie aufmerksam studiert, wird alsbald erkennen, daß sie Schein, Wahn und in manchen Fällen sogar Betrug an suchenden Menschen sind. Sie steigern die Bedeutung der Maria fast ins Unermeßliche. Es ist daher eine Ironie größten Ausmaßes, daß ausgerechnet im 20. Jahrhundert die körperliche Himmelfahrt der Maria zum Dogma erhoben wurde. Fast könnte man sagen: Je größer die ernsthaften Einwände gegenüber dem traditionellen Glauben, desto größer die Tolldreistigkeit von Dogmatik und Kirche.

Maria in der römisch-katholischen Frömmigkeit

Allerdings ist dieser Prozeß nur zu verstehen, wenn wir die Bedeutung der Maria in der Kunst (vgl. dazu die eindrückliche Auswahl bei Chadwick 1996 sowie Pelikan 1996) und vor allem in der katholischen Frömmigkeit berücksichtigen. Eine kaum zu überschätzende Rolle spielen hier die vielfachen Erscheinungen der Gottesmutter, von denen es aber – das sei vorweg einschränkend bemerkt – trotz anderslautender Schutzbehauptungen (vgl. Laurentin 1961) keine *wissenschaftlichen* Dokumentationen gibt (vgl. dazu allgemein Rahner 1958). Wir befinden uns hier also von vornherein auf schwankendem Boden, müssen aber trotzdem versuchen, eine Schneise durch das Dickicht üppig wuchernder Privat- und Volksfrömmigkeit zu schlagen.

Wenn im folgenden relativ ausführlich aus den Berichten zweier Frauen, Elisabeth von Schönau und Anna Katharina Emmerick, zitiert wird, so geschieht das mit dem Ziel, einen allgemeinen Eindruck von Marienerscheinungen zu vermitteln. Von den berühmten Marienerscheinungen vor anderen liegen zumeist nur kurze Zeugnisse vor, und die Legendenbildung wuchert hier von Anfang an noch mehr (vgl. Rahner 1958: 11).

Die Marienerscheinungen vor Elisabeth von Schönau

Elisabeth von Schönau (1129–1164) hatte nicht nur zahlreiche Christuserscheinungen. Sie schaute oftmals auch Maria. Von adliger Herkunft, trat sie im Alter von zwölf Jahren in das Benediktinerkloster Schönau ein. Elisabeth war oft krank, und ihre Ekstasen wurden häufig von schmerzhaften Anfällen begleitet. Ihr Bruder, Ekbert von Schönau, hat ihre Aufzeichnungen zusammengestellt und dabei, wie sich an einigen Stellen zeigt, auch eigene Gedanken und Interessen einfließen lassen.

In einer ihrer Visionen sah Elisabeth die Auferstehung Marias aus dem Grab und ihre Aufnahme in den Himmel:

»In dem Jahr, in dem mir vom Engel des Herrn das Buch der Gotteswege verkündigt wurde, an dem Tag, an dem die Kirche die Oktav der Aufnahme unserer Herrin feiert, war ich zur Stunde des Gottesdienstes in der Entrückkung des Geistes, und es erschien mir nach ihrer Art jene, meine Trösterin, die Himmelsherrin.

Da fragte ich sie, wie ich von einem unserer Älteren vorher ermahnt worden war, und sagte: ›Meine Herrin, möge es deiner Wohlwollenheit gefallen, uns zu würdigen, darüber Auskunft zu geben, ob du nur im Geiste in den Himmel aufgenommen wurdest oder auch im Fleische.‹

Dies aber sagte ich deshalb, weil, wie man spricht, sich darüber in den Büchern der Väter nur mit Zweifel Geschriebenes findet.

Und sie sagte mir: ›Was du fragst, kannst du noch nicht wissen. Es wird aber so sein, daß durch dich dies geoffenbart werden wird.‹

Daher wagte ich während des ganzen Zeitraumes dieses Jahres nicht, darüber entweder von dem Engel, der mir vertraut ist, noch von ihr, wenn sie sich mir zeigte, etwas weiteres zu erfragen. Es legte mir aber jener Bruder (= Ekbert), der mich zu dieser Nachforschung drängte, einige Gebete auf, mit denen ich von ihr die Offenbarung erlangen sollte, die sie mir versprochen hatte. Und als nach Ablauf eines Jahres das Fest ihrer Himmelfahrt wiedergekommen war, war ich durch eine vieltägige Krankheit schwach, und wie ich zur Zeit des Gottesdienstes im Bett lag, kam ich mit heftiger Anstrengung in eine Entraffung des Geistes. Und ich schaute an einem weit entfernten Ort ein mit viel Licht umflossenes Grab und etwas wie eine Frauengestalt darin, und herum stand eine große Menge von Engeln. Und nach einem Augenblick wurde sie aus dem Grab aufgerichtet, und zugleich mit jener Menge der Dabeistehenden wurde sie in die Höhe erhoben. Und als ich aufblickte, siehe, da kam ihr von der Himmelshöhe ein über alle Vorstellungen verklärter Mann entgegen, der in der Rechten ein Kreuzzeichen trug, an dem auch eine Fahne erschien. Ich erkannte, daß er der Herr und Heiland selbst war und eine unendliche Menge von Engeln mit ihm. Und sie so froh empfangend, brachten sie sie mit großem Chorgesang in die Himmelshöhe hinweg. Und nachdem ich dies so erblickt hatte, schritt meine Herrin nach kurzer Zeit zur Lichtpforte, in der ich sie üblicherweise sehe, blieb stehen und zeigte mir ihre Verklärung.

In derselben Stunde war der Engel des Herrn bei mir, … und ich sagte zu ihm: ›Mein Herr, was bedeutet diese große Vision, die ich schaute?‹

Und er sagte: ›Gezeigt wurde dir in dieser Vision, wie sowohl im Fleisch als auch im Geist unsere Herrin in den Himmel aufgenommen wurde‹« (Übersetzung nach Dinzelbacher 1989: 101–103).

Später berichtet Elisabeth davon, Maria habe ihr gesagt, alle Apostel des Herrn seien bei ihrem Begräbnis dabei gewesen: »›Alle waren da und übergaben mit großer Ehrerbietung meinen Leib der Erde‹« (ebd., S. 105).

Die Marienerscheinungen vor Anna Katharina Emmerick

Als zweites seien die Marienerscheinungen vor der seit Dezember 1812 stigmatisierten Augustinernonne Anna Katharina Emmerick (1774–1824) genannt, die durch die literarische Bearbeitung des Konvertiten Clemens Brentano (1778–1842) Berühmtheit erlangten und bis heute von kaum zu überschätzender Wirkung sind. Anna Katharina Emmerick berichtet, wie sie die junge Maria und ihre Mutter Anna geschaut habe:

»Als ich gestern abend zu Nacht gebetet hatte und kaum eingeschlafen war, trat eine Person an mein Bett, und ich erkannte in ihr eine Jungfrau, die ich schon früher oft gesehen hatte. Sie sprach ganz kurz zu mir: Du hast heute viel von mir gesprochen, nun sollst du mich auch sehen, damit du dich nicht in mir irrest. – Ich fragte sie aber: ›Habe ich auch wohl zuviel geredet?‹

Da erwiderte sie kurzweg: ›Nein!‹ und verschwand. – Sie war noch im jungfräulichen Stande, war schlank und anmutig; sie hatte den Kopf mit einer weißen Kappe bedeckt, welche im Nacken, zusammengezogen mit einem Zipfel endigend, niederging, als seien ihre Haare darin verschlossen. Ihr langes, sie ganz bedeckendes Kleid war von weißlicher Wolle, die anschließenden Ärmel erschienen nur um die Ellbogen etwas kraus gebauscht. Hierüber trug sie einen langen Mantel von bräunlicher Wolle wie von Kamelhaaren.

Kaum hatte ich mich mit Rührung über diese Erscheinung gefreut, als plötzlich in ähnlicher Kleidung eine bejahrte Frau mit etwas gebeugterem Haupte und sehr eingefallenen Wangen vor mein Lager trat, sie war wie eine schöne, hagere, etwa 50 Jahre alte Jüdin. – Ich dachte schon: ›Ei, was will denn die alte Judenfrau bei mir?‹ Da sprach sie zu mir: ›Du brauchst nicht zu erschrecken, ich will mich dir nur zeigen, wie ich gewesen bin, da ich die Mutter des Herrn geboren, damit du dich nicht irrst.‹ Ich fragte sogleich: ›Ei, wo ist denn das liebe Kindlein Maria?‹ Und sie erwiderte: ›Ich habe sie jetzt nicht bei mir.‹ – Da fragte ich weiter: ›Wie alt ist sie denn jetzt?‹ Und sie antwortete: ›Vier Jahre‹; und ich fragte abermals: ›Habe ich dann auch recht geredet?‹ Und sie sprach kurz: ›Ja!‹ Ich aber bat sie: ›Oh, mache doch, daß ich nicht zuviel sage!‹ Sie antwortete nichts und verschwand.

Nun erwachte ich und überdachte alles, was ich von der Mutter Anna und der Kindheit der heiligen Jungfrau gesehen, und alles ward mir klar, und ich fühlte mich ganz glückselig. Am Morgen wieder entschlummert, sah ich ein neues, sehr schönes und zusammenhängendes Bild. Ich glaubte es nicht vergessen zu können, aber der kommende Tag fiel mit so vielen Störungen und Leiden über mich, daß ich nichts mehr davon übrig habe« (Emmerich/Brentano 1992: 72 f).

Die Vorgänge im Himmel nach der Geburt der Maria hat Anna Katharina Emmerick folgendermaßen »gesehen«:

»Im Augenblicke, als das neugeborene Kind Maria auf den Armen der heiligen Mutter Anna ruhte, sah ich es zugleich im Himmel vor dem Angesichte der allerheiligsten Dreifaltigkeit dargestellt und von unbeschreiblicher Freude aller himmlischen Heerscharen begrüßt. – Da erkannte ich, daß ihr alle ihre Seligkeiten, Schmerzen und Geschicke auf eine übernatürliche Weise bekannt gemacht wurden. Maria ward von unendlichen Geheimnissen unterrichtet, und doch war und blieb sie ein Kind. Dieses ihr Wissen können wir nicht verstehen, weil unser Wissen auf dem Baume der Erkenntnis gewachsen ist. Sie wußte alles dieses, wie ein Kind die Brust seiner Mutter weiß, und daß es an ihr trinken soll. Als mir die Anschauung verschwand, wie das Kind Maria so durch die Gnade zum Himmel unterrichtet ward, hörte ich es zum ersten Male weinen« (ebd., S. 92).

Die Geburt Jesu hat Katharina so geschaut:

»Ich sah den Glanz um die heilige Jungfrau immer größer werden, das Licht der Lampe, welches Joseph angezündet hatte, war nicht mehr sichtbar. Sie kniete in einem weiten, gürtellos um sie her ausgebreiteten Gewande, das Angesicht gegen Morgen gewendet, auf ihrem Ruheteppich.

In der zwölften Stunde der Nacht ward sie im Gebete entzückt. Ich sah sie von der Erde emporgehoben, so daß ich den Boden unter ihr sah. Sie hatte die Hände auf der Brust gekreuzt. Der Glanz um sie her mehrte sich, alles, selbst das Leblose, war in freudiger innerer Bewegung, das Gestein der Decke, der Wände, des Bodens der Höhle ward wie lebendig in dem Lichte. – Nun aber sah ich die Decke des Gewölbes nicht mehr, eine Bahn von Licht öffnete sich über Maria bis in den höchsten Himmel mit steigendem Glanze.

In dieser Lichtbahn war eine wunderbare Bewegung von Glorien, die sich durchdringend und nähernd deutlicher in der Form himmlischer Geisterchöre erschienen. – Die heilige Jungfrau aber in Entzückung emporgetragen, betete nun zur Erde niederschauend ihren Gott an, dessen Mutter sie geworden war, der als ihr neugeborenes hilfloses Kind vor ihr an der Erde lag.

Ich sah unseren Erlöser als ein leuchtendes, ganz kleines Kind, das mit seinem Lichte allen umgebenden Glanz überstrahlte, auf dem Teppich vor den Knien der heiligen Jungfrau liegen. Es war mir, als sei es ganz klein und werde vor meinen Augen größer. Alles dieses aber war nur eine Bewegung von so großem Glanze, daß ich nicht bestimmt sagen kann, wie ich es gesehen.

Die heilige Jungfrau war noch eine Zeitlang so entzückt, und ich sah, wie sie ein Tuch über das Kind legte, aber sie faßte es noch nicht an und nahm es noch nicht auf. Nach einer geraumen Zeit sah ich das Jesuskind sich regen und hörte es weinen, da war es, als komme Maria zu sich, und sie nahm das Kindlein, welches sie mit dem darübergedeckten Tuche einhüllte, von dem Teppich auf und hielt es in den Armen auf ihre Brust. Sie saß nun und verhüllte sich ganz mit dem Kinde in ihrem Schleier, und ich glaube, Maria säugte den Erlöser. Da sah ich um sie her ganz menschlich gestaltete Engel vor dem Kinde anbetend auf dem Angesicht liegen.

Es mochte wohl eine Stunde nach der Geburt sein, als Maria den heiligen Joseph rief, der noch im Gebete lag...« (ebd., S. 226f).

Der subjektive Charakter von Marienerscheinungen

Die dargestellten Visionen der Anna Katharina Emmerick (ebenso wie die der Elisabeth von Schönau) sind Erzeugnisse der blühenden Phantasie hochsensibler katholischer Frauen und ganz auf der Grundlage der katholischen Marientraditionen (Verehrung der Mutter Marias [= Anna], Auferstehung und Himmelfahrt Marias) gewonnen. Sie belegen nachdrücklich, wie eine (imaginäre) Bilderwelt auf Menschen einstürmen kann, wenn *erstens* bestimmte äußere Bedingungen wie Schlafentzug, Krankheit etc. gegeben sind und *zweitens* diese religiöse Bilderwelt durch einen institutionellen Rahmen sowie durch intensive Beschäftigung mit dem Gegenstand religiöser Verehrung gegenwärtig ist. Schon hier legt sich der begründete Verdacht nahe, daß diese Visionen ausschließlich subjektiv zu nennen sind und mit einer anderen Wirklichkeit nichts zu tun haben: Die Maria, die von den Visionärinnen geschaut wurde, ist außerhalb ihrer Einbildungen nicht existent.

Berühmte Marienerscheinungen der Neuzeit

Im folgenden seien die berühmtesten Marienerscheinungen der Neuzeit genannt (vgl. dazu de Rosa 1991: 354–381; Pelikan 1996: 177–187 [Lit.]; Hanauer 1996; 1997: 85–139). Dazu gehören die Erscheinungen von Lourdes (1858), Fatima in Portugal (1917) und Medjugorje im ehemaligen Jugoslawien (seit 1981). Doch stellen sie nur einen kleinen Ausschnitt aus einer ganzen Fülle ähnlicher Erscheinungen dar. Ein im Jahre 1993 erschienenes Buch listet allein 997 Erscheinungen auf, die in direktem oder indirektem Zusammenhang mit Maria stehen, und im Internet gibt es inzwischen eine eigene Homepage zu Erscheinungen der Maria in der Gegenwart. Dabei ist die Dunkelziffer der nicht erfaßten Erscheinungen naturgemäß unbekannt.

Bemerkenswerterweise ist ein von Jahrhundert zu Jahrhundert

steigendes Wachstum der Erscheinungen zu verzeichnen: Zeigte sich Maria im 18. Jh. nur dreißigmal, so im 19. Jh. schon knapp 200mal und im 20. Jh. gut 450mal. Zwischen 1930 und 1950 untersuchten kirchliche Behörden allein in Westeuropa nicht weniger als 30 Reihen von Muttergotteserscheinungen mit insgesamt etwa 300 Einzelerscheinungen, die zum größten Teil einfachen Dorfkindern zuteil geworden sein sollen. Maria legte ihnen meistens ans Herz, zu Gebet, Buße und Rosenkranzgebet aufzurufen. Erstaunlich ist, daß die einzelnen Empfängerinnen von Marienvisionen trotz gemeinsamer Verehrung derselben Herrin sich gegenseitig oft nicht anerkennen.

»Theologische« Begründungen der Marienerscheinungen

Was ist der Grund dafür, daß Maria sich in unserer Zeit immer öfter meint zeigen zu müssen? Von kirchlich-theologischer Seite ist gesagt worden, die Erklärung liege in der gegenwärtigen Endzeitsituation. Das erste Kommen Jesu sei in Niedrigkeit geschehen; daher blieb auch Maria im Verborgenen. Das zweite Kommen Jesu aber werde in Herrlichkeit erfolgen, und seiner Mutter komme eine Vorbereitung der Herrlichkeit zu. Dies sei durch ihre vielfachen Erscheinungen bewiesen worden (so Bischof Rudolf Graber im Jahre 1984; bei Hanauer 1997: 86). Es liegt auf der Hand, daß ein solches Verständnis keine größere Plausibilität hat als das unzähliger Sekten der Gegenwart, welche – oft im Widerspruch zueinander – die Bibel als Fahrplan für die letzten Dinge vor der Wiederkunft Christi lesen.

Empirische Gründe für Marienvisionen

Wie die oben erwähnte Statistik zur steigenden Zahl der Marienerscheinungen zeigt, kann man förmlich von einem beginnenden marianischen Tropenklima sowohl in Westeuropa als auch in Nordamerika sprechen, wie es in Südamerika schon seit längerer Zeit zu beobachten ist. Dort hat es im Jahre 1531 mit einer Erscheinung vor dem Indianer Juan Diego in Guadalupe seinen Anfang genommen (vgl. dazu unten S. 135 f).

In der westlichen Welt sind folgende Gründe für diese Anstekkungsanfälligkeit und für die starke Faszination, die von Marienerscheinungsorten ausgeht, zu nennen:

a) Die tiefe Sehnsucht der Gläubigen nach einer persönlichen Begegnung mit dem Göttlichen wird offenbar sowohl durch die zunehmende Technisierung der Welt als auch durch die Modernisierungstendenzen des katholischen Glaubens eher verstärkt als gemindert.

b) Gott Vater und Göttin Mutter lassen sich als Abbild und als himmlische Entsprechung der irdischen Familie auffassen, die es zu bewahren gilt. Erst dann ist die Welt wieder in Ordnung.

c) Maria wird zur Projektion von weiblichen Idealvorstellungen über Gott. Als Inbegriff der liebevollen und barmherzigen Mutter entspricht sie zudem der allgemein menschlichen Sehnsucht nach Geborgenheit und tritt dem gerechten Vatergott zur Seite.

d) Als von Gott erwählte demütige Jungfrau dient sie dazu, *Frauen* zur Entsexualisierung ihres Körpers und zur Demut anzuhalten. Jedenfalls lädt die Gipsfigur in der Grotte von Lourdes zu dieser Deutung geradezu ein. Dort sieht man eine Maria mit niedergeschlagenen Augen und mit einem bis zur Unerkennbarkeit eingehüllten Körper.

Aber auch *Männer* finden aus tiefenpsychologischen Gründen Gefallen an einer solchen desexualisierten, reinen Heiligen. Doch Männerphantasien, die Maria zur reinen Jungfrau emporstilisieren, um der eigenen sexuellen Probleme Herr zu werden, vermögen auf Dauer sexuelle Triebe nicht zu sublimieren: Diese entladen sich schließlich derart, daß – wenn schon nicht Maria – so doch andere Frauen zu Huren umfunktionalisiert werden. Frauen sind Frauen und nicht Huren oder Madonnen – zu dieser Einsicht gelangen allerdings manche Männer, Theologen eingeschlossen, nie.

Gründe für die offizielle Anerkennung von Marienerscheinungen

In manchen Fällen ist der Grund für die kirchliche Anerkennung der betreffenden Visionen überdeutlich. Eine Anerkennung erfolgt in der Regel dann, wenn die Vision kirchliche Dogmen abstützt. So erblickte am 11. Februar 1858 die vierzehnjährige Bernadette Soubirous in einer Grotte bei Lourdes eine »junge, wunderschöne Dame, ganz vom Licht umflossen«. Sie war »bestürzt«, berichtete Bernadette später und glaubte an eine »Täuschung«. Doch es war keine. Nach der Vernehmung durch den örtlichen Bischof befahl dieser der Seherin, die »wunderschöne Dame« nach ihrem Namen zu fragen. Nach dreimaliger Bitte stellte sich die Dame vor als »die unbefleckte Empfängnis«. Zweifellos stärkte dies die damals vier Jahre alte päpstliche Definition dieses Dogmas und förderte damit zugleich die offizielle kirchliche Anerkennung der Marienerscheinung von Lourdes. Bernadette sagte folgerichtig später, die Dame sei ihr erschienen, um die Worte des Papstes zu bestätigen. So bekam dieses Dogma himmlische Rückendeckung. Die unbefleckte Empfängnis und die päpstliche Unfehlbarkeit beleuchten beide dasselbe Prinzip: Die Jungfrau konnte nicht sündigen; der Papst konnte sich nicht irren.

Folgende Episode aus der Gegenwart belegt, wie ernst katholische Würdenträger den Marienspuk nehmen (zum Folgenden vgl. Hanauer 1997: 133 f): In einer Predigt, die der Kölner Kardinal Meisner im Jahre 1990 in Fatima hielt, erklärte er, dort habe Portugal der Maria Raum und Heimat gegeben. Von Fatima aus habe sie beginnen können, Christus wieder nach Europa zu tragen und den bedrängten Jüngern ihres Sohnes in den gottlosen kommunistischen Staaten Osteuropas zu Hilfe zu kommen. Meisner wörtlich: »Ich bin gekommen, um den Portugiesen zu danken, daß sie Maria für dieses Bekehrungswerk in Fatima Aufnahme gewährt haben.«

Dazu bemerkt Josef Hanauer völlig zu Recht: »Phrasen, nichts als Phrasen. Kardinal Meisner behauptet, Maria habe von Fatima aus Christus wieder nach Europa getragen. Wo war denn Christus vorher? Der Kardinal dankt Portugal, weil es Maria für das Bekehrungswerk in Fatima Aufnahme gewährt habe. Ähnlich könnte man auch Jugoslawien danken, daß es Maria in Medjugorje Aufnahme gewährt hat« (1997: 134). Bedrückend ist die Tatsache, daß Millionen von katholischen Gläubigen das Wort des Kardinals für bare Münze nehmen.

Ertrag

Die angeführten Beispiele sind nur ein Bruchteil aus der Fülle von Marienerscheinungen. Um sie – im wahrsten Sinne des Wortes – zu bändigen, haben kirchliche Untersuchungskommissionen viel Zeit und Energie darauf verwandt, ihre Authentizität zu prüfen. Beispielsweise muß eine Zahl von unerklärbaren Heilungen am betreffenden Ort nachgewiesen werden, damit die kirchliche Anerkennung folgen kann. So sind in Lourdes von der katholischen Kirche 65 Fälle als wunderbare Heilungen anerkannt worden, während die Ärzte etwa 1300 als unerklärbar bezeichnet haben. Das internationale Ärztekomitee von Lourdes, dem 25 Mediziner aus dem Raum der Europäischen Union angehören, tritt regelmäßig einmal im Jahr zusammen, um eine kritische wissenschaftliche Prüfung der Unterlagen über Heilungen in dem französischen Wallfahrtsort in den

Pyrenäen vorzunehmen. Mit anderen Worten, die Kirche verhält sich gegenüber den sog. Wunderheilungen ausgesprochen zurückhaltend.

Um die kirchliche Begutachtung ist es mir freilich nicht zu tun, da sie aus anderen Gründen ohnehin auf tönernen Füßen steht. Beispielsweise beansprucht die römische Kirche die Vollmacht, darüber zu entscheiden, ob die betreffenden Erscheinungen auf übernatürliche, von Gott gewirkte Offenbarungen zurückgehen oder nicht. Selbst ein kritischer Theologe wie Karl Rahner spricht sich energisch dafür aus und verteidigt z. B. auch die These, es gebe »eine echte, wirklich von Gott stammende Vorherverkündigung der Zukunft… Es genügt hier, auf die Vorhersage Christi von der Zerstörung Jerusalems hinzuweisen«. Rahner fährt fort: »Wer eine solche Möglichkeit grundsätzlich bestreiten wollte, würde gegen den katholischen Glauben verstoßen« (1958: 103).

Nun liegt es mir fern, die Möglichkeit einer von Gott gewährten Offenbarung zu bestreiten, zu der auch die Vorherverkündigung der Zukunft gehören mag. Doch muß es der Kritik erlaubt sein, die Ansprüche auf Offenbarung zu prüfen; und hier *versagt* der von Rahner gegebene Hinweis auf die angebliche Vorhersage Christi von der Zerstörung Jerusalems. Denn sämtliche Vorhersagen Jesu dieser Art (vgl. Mk 13,2; Lk 19,41–44; 21,20) wurden Jesus erst *nach* der faktischen Zerstörung Jerusalems in den Mund gelegt (vgl. in diesem Sinn zuletzt Theißen/Merz 1996: 48). Entsprechend sind zunächst sämtliche Marienvisionen daraufhin zu prüfen, ob sie als subjektive Aussagen in bildhafter Form Sinn ergeben.

Gleichzeitig kann nicht nachdrücklich genug betont werden: Visionen sind visuelle Erscheinungen von Personen, Dingen oder Szenen, die *keine* äußere Wirklichkeit haben. Eine Vision erreicht ihre Empfänger(innen) nicht über die anatomischen Sinnesorgane, sondern ist ein Produkt der Vorstellungskraft, der Phantasie. Und das gilt nicht nur für die Marien-, sondern auch für die Christusvisionen.

Es ist Selbstbetrug, wenn so verdienstvolle Kritiker heutiger Marienvisionen wie Karl Rahner und Josef Hanauer offenbar die durch Heilige Schrift und kirchliche Tradition bezeugte übernatürliche Offenbarung der Auferstehung Christi von bloß natürlichen Erscheinungen unterscheiden und sich so von vornherein im Besitz eines untrüglichen Maßstabs wähnen. Nein, *alle* Visionen haben einen rein subjektiven Charakter gemeinsam. Die Auferstehung Jesu ist im Sehen Jesu nach dessen Tod begründet und demnach als Vision zu bezeichnen. Sie ist weder analogielos noch als striktes

Wunder ein von Gott gewirktes Offenbarungsgeschehen – falls man nicht von vornherein weiß, was ein von Gott gewirktes Offenbarungsgeschehen ist.

Die eigentliche Frage wird sein, inwiefern die durch Visionen *gedeutete* Lebenswirklichkeit Jesu und seiner Mutter an dieser selbst Anhalt hat. Stimmt die Grundlage, von der aus Maria und Jesus in den sie betreffenden Visionen verstanden bzw. gedeutet wurden und werden?

Maria in der protestantischen Dogmatik und in den neuesten Stellungnahmen aus der evangelischen Kirche

Vorbemerkung

Am Anfang dieses Kapitels wurde dargelegt, wie führende evangelische Dogmatiker mit der historischen Problematik der Jungfrauengeburt umgehen. Insbesondere wurden die Schwierigkeiten deutlich, die sich bei dem Versuch ergeben, *einerseits* die Historizität der Jungfrauengeburt zu bestreiten und *andererseits* die theologische Intention der Aussage als glaubensverbindlich zu bewahren. Ich habe oben Gründe dafür angeführt, warum das nur als Eiertanz zu bezeichnen ist.

Nun könnte man angesichts der katholischen Phantastereien zu Maria der protestantischen Position immer noch einen relativen Vorzug einräumen. Immerhin teilen die Reformatoren des 16. Jh.s nur zwei der vier mariologischen Hauptdogmen, und evangelische Dogmatiker der Gegenwart werden wenigstens des historischen Problems der Jungfrauengeburt ansichtig. Dennoch bleibt eine auffallende formale Entsprechung zwischen römisch-katholischer Mariologie und protestantischer Dogmatik, nämlich der Starrsinn in ihrer Lehre, die geradezu zwanghafte Züge enthält (vgl. dazu Reik 1927).

Die Entwicklung der Mariologie ist ein allgemeines Beispiel dafür, wie überhaupt theologische Lehrsätze ausgebildet wurden und werden. Da baut man Luftschlösser, eins schöner und einladender als das andere, und das Ganze gilt dann als feste Burg einer geoffenbarten Wahrheit. Im Protestantismus laufen prinzipiell ähnliche Prozesse wie in der Mariologie beispielsweise dort ab, wo Dogmatiker steif und fest auf der Sündlosigkeit Jesu beharren, Jesu Entschwinden aus dem Grab in Jerusalem als unumstößliches historisches Faktum hinstellen oder sich sogar zur Annahme versteigen, Jesus sei auch seinem eigenen Zeugnis gemäß Teil der heiligen Dreifaltigkeit. Derartige Behauptungen sind nur theologische Höhenflüge, um den Pleitegeier wieder einzufangen, der über dem dogmatischen Gedankengebäude seit langem seine Kreise zieht. Auch die evangelische Dogmatik muß auf den Boden der Tatsachen zurückgebracht werden, um nicht eines Tages eine Bruchlandung zu erleiden, falls diese nicht überhaupt schon stattgefunden hat.

Zur Vertiefung des Themas sei an dieser Stelle ein weiterer Blick auf Stellungnahmen evangelischer Theologen zu Maria geworfen (vgl. bereits oben S. 15–17). Ich will im folgenden die Beiträge Karl Barths sowie einiger anderer Dogmatiker referieren und anschließend auf die Handreichung eines Arbeitskreises aus der evangelischen Kirche eingehen.

Maria bei Karl Barth

Es ist tragisch-komisch, daß sich Karl Barth, der einflußreichste Theologe des 20. Jh.s – trotz der Ergebnisse des Apostolikumsstreites von 1892 – entschieden für die Historizität der Jungfrauengeburt einsetzte. Ein kurzer Rückblick auf den Streit um das apostolische Glaubensbekenntnis, der am Ende des 19. Jh.s die Gemüter erhitzte, mag dies beleuchten (zum Folgenden vgl. Lüdemann 1995: 297f).

Der Apostolikumsstreit wurde ausgelöst durch die Dienstentlassung des württembergischen Pfarrers Christoph Schrempf, der sich unter Berufung auf sein Gewissen geweigert hatte, bei der Taufe und im Gottesdienst das apostolische Glaubensbekenntnis zu sprechen. Adolf Harnack, der bedeutendste Theologe vor dem Ersten Weltkrieg, wurde von Studenten in Berlin nach seiner Meinung zu dem Fall Schrempf befragt und gab Ende des Sommersemesters 1892 eine Antwort, die noch im selben Jahre veröffentlicht wurde. Sie zog einen Sturm von Protesten und Solidaritätserklärungen nach sich, die aber schließlich alle im Sande verliefen – ebenso wie das Votum Harnacks selbst. So seltsam es auch klingen mag: Der Streit um das Apostolikum zementierte das unverbundene Nebeneinander zwischen akademischer Theologie und praktischer Arbeit eher noch. Ging es bei dieser Kontroverse ursprünglich um die Ehrlichkeit des Pfarrers im Amt, wurde die ganze Angelegenheit durch die akademische Diskussion ins Harmlose verwandelt. Denn über die Bedeutung des Apostolikums konnte man akademisch endlos diskutieren, ohne daß sich an der bedrängten Lage des Pfarrers auch nur das Geringste änderte. An die Stelle der überfälligen Reform des Gottesdienstes traten letztlich fruchtlose akademische Dispute. Dasselbe ist heute der Fall, wo in Kirche und Theologie fast alles gesagt werden kann, ohne daß sich langfristig auch nur eine Chance ergäbe, Liturgie und Gestaltung des Gottesdienstes zu ändern.

Mit Karl Barth setzte eine Rückbewegung ein, die den Vorteil hatte, wenigstens die Kluft zwischen Pfarramt und wissenschaftlicher Theologie zu überbrücken. Obwohl Karl Barth als Schüler Adolf Harnacks wissen *mußte*, daß die Jungfrauengeburt historisch eine falsche Aussage war, sprach er sich entschieden – man muß wohl sagen: wider sein Gewissen – für ihre Historizität aus.

In der *»Christliche(n) Dogmatik im Entwurf«* aus dem Jahre 1927 setzt Barth die Jungfrauengeburt in eine enge Beziehung zur Auferstehung Jesu:

»Daß Christus aufersteht von den Toten, das ist darin begründet, darum unvermeidlich zu lehren, weil er der wunderbar Empfangene und Geborene ist. Daß er der wunderbar Empfangene und Geborene ist, das enthüllt sich, das zeigt sich, das gibt sich zu erkennen in seiner Auferstehung. Nur das Wunder begründet das Wunder, und nur durch das Wunder gibt sich das Wunder zu erkennen. Damit es kein Entrinnen, kein Mißverstehen, keine Zweideutigkeit gebe über das ›*Deus* dixit‹ [= Gott hat geredet; G.L.], um das es sich hier handelt« (1927: 275).

Der Person der Jungfrau Maria könne allerdings kein selbständiges dogmatisches Interesse zukommen. Denn zur Gottesgebärerin werde sie einzig und allein von Gott gemacht: »Nicht ihre Jungfräulichkeit ist das Wunder der Offenbarung und Versöhnung, sondern Gottes Tat an ihr, der Jungfrau, und das ist zweierlei« (S. 281).

»Die Kirchliche Dogmatik« führt diese Gedanken weiter aus, bringt aber a) in bezug auf die Historizität der Jungfrauengeburt und b) hinsichtlich der Rolle der Maria nichts wesentlich Neues.

Zu a): Das »geboren von der Jungfrau Maria« wird nun nicht mehr als Parallele zur Auferstehung an sich, sondern als Entsprechung zum leeren Grab bezeichnet (1938: 199). Sowohl die Jungfrauengeburt als auch das leere Grab stellten zwar keine *Bedingungen*, sondern *Zeichen* für den in Jesus Christus geschehenen Neuanfang bzw. für seine Auferstehung dar. Aber die Sache sei für uns doch nicht ohne das Zeichen zu haben: Niemand könne sagen, daß das leere Grab an sich die Macht hatte, »den Jüngern Jesu das verhüllte ›Gott war in Christus‹ zu enthüllen. Aber hat es sich ihnen anders als durch das Zeichen dieser äußeren Tatsache enthüllt?« (S. 195). Das gleiche gelte von der Jungfrauengeburt: »Hört nicht vielleicht doch bloß der das Zeugnis von dieser Sache, der sich an das Zeichen hält, mit dem das Zeugnis diese Sache nun einmal bezeichnet hat?« (S. 196).

Von daher verwundert es nicht, daß Barth auf die »populär-theologische Frage: ob ›man‹ denn, um wirklich christlich zu glauben, durchaus an die Jungfrauengeburt glauben müsse«, antwortet: Zwar sei es nicht ausgeschlossen, daß jemand auch ohne die Bejahung dieser Lehre »das Geheimnis der Person Jesus Christus erkennen und also wirklich christlich glauben« könne – denn es stehe »in Gottes Rat und Willen, dies möglich zu machen«. »Aber damit ist nicht gesagt, daß die Kirche die Freiheit habe, die Lehre von der Jungfrauengeburt zu einem Fakultativum für besonders starke oder auch für besonders schwache Gemüter zu machen.« Falls unter den Dienern der Kirche solche sein sollten, die an der Jungfrauengeburt zweifeln, so ist von ihnen zu verlangen, »daß sie ihren Privatweg als Privatweg behandeln und also nicht etwa ihrerseits zum Gegenstand von Verkündigung machen, daß sie das Dogma, wenn sie es persönlich nicht bejahen können und also (leider!) auch ihren Gemeinden vorenthalten müssen, wenigstens durch Schweigen respektieren« (S. 198).

Es führt wohl kaum ein Weg daran vorbei, in diesen schizophrenen Ausführungen Barths den Tatbestand der Verführung zur Heuchelei erfüllt zu sehen. Hier scheinen, um frei mit Adolf Harnack zu sprechen, der Widersinn und die Autorität der Offenbarung gewissermaßen der Stempel der höheren Wahrheit zu sein.

Zu b): Die Bedeutung der Jungfrau Maria erschöpft sich in dem durch sie repräsentierten ›allein aus Gnade‹. Als »Gestalt des nicht wollenden, nicht vollbringenden, nicht schöpferischen, nicht souveränen Menschen…, der bloß empfangen, der bloß bereit sein, der bloß etwas an und mit sich geschehen lassen kann« hat sie dem handelnden Gott nichts Eigenes entgegenzubringen (S. 209 f). Ihre Jungfräulichkeit bildet nicht etwa den Anknüpfungspunkt für die göttliche Gnade. Maria ist keine Werkgenossin Gottes, keine Mitverfügende (S. 210). An dieser Stelle tut sich keine Pforte auf, die zur Mariologie führen könnte (S. 214).

Dem widerspricht nach Barth die Bezeichnung der Maria als »Mutter Gottes« nicht:

»Es bedeutet gewissermaßen eine Probe des richtigen Verständnisses der Lehre von der Fleischwerdung des Wortes, daß man auch als evangelischer Christ und Theologe die Bezeichnung der Maria als ›Mutter Gottes‹ nicht etwa ablehnt, sondern trotz ihrer Belastung durch die sog. Mariologie der römisch-katholischen Kirche als legitimen Ausdruck der christologischen Wahrheit bejaht und gutheißt. Die Abwehr des Mißbrauchs, der mit der in dieser Bezeichnung ausgesprochenen Erkenntnis getrieben worden ist, wird nicht fehlen dürfen. Aber jene Erkenntnis und darum doch auch diese Bezeichnung selbst darf deswegen doch nicht unterdrückt werden« (1938: 151 f).

In der »*Dogmatik im Grundriß*« aus dem Jahre 1947 ([7]1987) faßt Barth seine Auffassung zur Historizität der Jungfrauengeburt folgendermaßen zusammen:

»Es ist das Wunder der Weihnacht die faktische Form des Geheimnisses der persönlichen Vereinigung von Gott und Mensch… Die christliche Kirche und Theologie hat immer wieder festgestellt, man könne nicht postulieren, dass die Wirklichkeit der Inkarnation, das Geheimnis der Weihnacht mit absoluter Notwendigkeit gerade diese Form dieses Wunders haben musste. Die wahre Gottheit und die wahre Menschheit Jesu Christi in ihrer Einheit hängen nicht daran, dass Christus vom Heiligen Geist empfangen und von der Jungfrau Maria geboren ist. Sondern man wird nur dies sagen können, dass es Gott gefallen hat, das Geheimnis in dieser Form und Gestalt wirklich sein und offenbar werden zu lassen. Wiederum kann das aber nicht bedeuten, dass wir dieser faktischen Form des Wunders gegenüber sozusagen frei sind, sie zu bejahen oder auch nicht zu bejahen, so dass wir etwa an dieser Stelle eine Subtraktion vornehmen und sagen könnten: Wir haben gehört, behalten uns aber vor, dass diese Sache auch in einer anderen Gestalt für uns zu haben sein könnte. Man versteht das Verhältnis von Sache und Form, das hier vorliegt, vielleicht am besten mit einem Blick auf die… Geschichte von der Heilung des Gichtbrüchigen (Mark. 2): ›Auf dass ihr wisset, dass des Menschen Sohn Macht hat Sünden zu vergeben: Steh auf, nimm dein Bett und wandle.‹ ›Auf dass ihr wisset…‹ so ist auch das Wunder der Jungfrauengeburt zu verstehen« (1987: 117).

Fazit: So sehr Barths Ablehnung jeder Art von Mariologie der römisch-katholischen Lehre zuwiderläuft, so sehr dürfte ihr sein unerbittliches Festhalten an der Historizität der Jungfrauengeburt entgegenkommen. Wer derart steil »von oben« herab dekretiert und die Zweifel ernsthaft suchender Menschen meint abwürgen zu können, indem er sie zum Schweigen verurteilt, der weiß schon, daß es sich bei der Jungfrauengeburt um ein historisches Ereignis handelt, *bevor* er sich dem historischen Problem, um das es eigentlich geht, gestellt hat. Der Eindruck drängt sich auf: Hier hat jemand erkannt, daß an diesem einen Punkte nachzugeben bedeutet, das ganze morsche Gemäuer der Dogmatik ins Wanken zu bringen.

Der leise Einwand, den *Wolf Krötke* gegenüber Barths Auffassung zur Jungfrauengeburt meint erheben zu müssen, geht an der Sache freilich haarscharf vorbei. Denn wenn er bezweifelt, daß »den späten Zeugnissen von der Jungfrauengeburt die gleiche Bedeutung zukommt, wie den Grabesgeschichten im Zusammenhang mit dem Auferstehungszeugnis« (1996: 14), ist er sich offenbar nicht bewußt, daß es wenig sinnvoll ist, die Bedeutung zweier gleichermaßen unhistorischer Ereignisse gegeneinander abzuwägen.

Weitere protestantische Stellungnahmen zur Jungfrauengeburt

Wolfgang Trillhaas räumt zwar ein, daß man hinsichtlich der Jungfrauengeburt »weder von einer ›historischen Tatsache‹ noch von einer ›Heilstatsache‹ unbedenklich sprechen« könne. Aber was der Satz von der Jungfrauengeburt *meine*, das sei »ein unverzichtbares Anliegen des christlichen Glaubens an Jesus Christus«.

»Jesus ist kein geborener, kein gewordener Heiland. Jesus steht nicht im alten Zusammenhang mit menschlicher Sünde und Schuld, sondern er ist ein neuer Mensch, ein Neubeginn. Das Ereignis Jesus Christus ist nicht von Menschen, sondern es ist aus Gott« (1972: 265).

Das Wunder der Menschschwerdung Jesu Christi sei nicht an die körperliche Jungfräulichkeit der Maria gebunden, denn Gott könne »seine Wunder auch in der Verborgenheit des natürlichen Zusammenhanges vollbringen« (ebd.).

Jürgen Moltmann konstatiert, daß es sachlich ganz abwegig sei, »die Jungfrauengeburt ›historisch‹ oder gar ›biologisch‹ zu nennen« (1989: 102).

»Mit solchen modernen, positivistischen Charakterisierungen bewahrt man gerade nicht ihre Intention und Wahrheit, sondern zerstört sie. Die Absicht der Erzähler ist es nicht, ein gynäkologisches Wunder zu berichten, sondern Jesus als den messianischen Sohn Gottes zu bekennen und im Anfang seines Lebens auf den göttlichen Ursprung seiner Person hinzuweisen« (ebd.).

Hinzu komme, daß die Theologen der alten Kirche in der Jungfrauengeburt weniger ein Zeichen für die Göttlichkeit Christi gesehen hätten, sondern in Abwehr gnostischer Tendenzen vielmehr ein Zeichen für seine wahre Menschlichkeit. »Wollte man diese Intention der Geburtsgeschichte Christi heute realisieren, dann müßte man betontermaßen von der nichtjungfräulichen Geburt Christi sprechen« (S. 105). Aus diesen Gründen plädiert Moltmann dafür, anstelle von »Jungfrauengeburt« von der »Geistgeburt« Christi zu sprechen (S. 107).

Von daher werde dann auch das Verständnis der Bedeutung Marias korrigiert: »Wenn man die Geburt Christi aus dem Geist ernst nimmt, dann verlagert sich vieles von dem, was die Kirche der ›Jungfrau Maria‹ zugeschrieben hat, auf Gott den Heiligen Geist selbst, und Maria kann wieder das sein, was sie war und ist: die jüdische Mutter Jesu« (S. 106).

Gegen Moltmann kann nicht energisch genug protestiert werden. Die neutestamentlichen Texte meinen ihm zufolge offenbar nicht mehr, was sie ausdrücklich sagen. Wenn Moltmann an anderer Stelle unter Verweis auf das weibliche Geschlecht des hebräischen Wortes *ruach* (= Geist) ausführt: »Gott ist der Vater Jesu Christi und darum ist der H(ei)l(ige) Geist seine göttliche Mutter. Mariologie ist deshalb keine Frage der Gynäkologie, sondern ein Thema christlicher Pneumatologie« (1988: 22), so stellt sich sofort die Frage, ob denn Jesus – Matthäus und Lukas zufolge – von einem weiblichen Wesen gezeugt worden ist. Hier rächt sich die vorschnelle Modernisierung biblischer Texte.

Die »Ökumenische Dogmatik« von *Edmund Schlink* stellt wiederum die Ähnlichkeit zwischen Auferstehung und Jungfrauengeburt heraus – der »Vorgang der Zeugung durch den Heiligen Geist bleibt in ähnlicher Weise verborgen wie die Auferstehung« (1983: 284) – und hält an der Geschichtlichkeit der Jungfrauengeburt fest. Ihre Historizität könne man ebenso wie die der Auferstehung Jesu nur dort ablehnen, wo das Analogieprinzip, d.h. das Prinzip der grundsätzlichen Gleichartigkeit geschichtlicher Abläufe, »dogmatistisch« verwendet werde (ebd., S. 285). Mich würde interessieren, ob Schlink genauso großzügig mit allen anderen Texten der Antike umgehen würde, die ebenfalls die jungfräuliche Geburt von Gottessöhnen aussagen (vgl. dazu unten S. 76–79).

Zu weiteren Beispielen ähnlich unbefriedigender Auskünfte protestantischer Dogmatiker zur Jungfrauengeburt vgl. bereits oben S. 15–17.

Ein neuerer protestantischer Beitrag zu Maria.
Die letzten Entwicklungen

Der Catholica-Arbeitskreis der Vereinigten Evangelisch-Lutherischen Kirche Deutschlands (VELKD) hat 1988 eine Handreichung »Maria, die Mutter des Herrn« beschlossen, die drei Jahre
später – angereichert durch einige Beiträge orthodoxer, römisch-
katholischer, evangelischer und feministischer Provenienz – auch
als Buch veröffentlicht wurde (= Kießig 1991) und als halboffizielle
Stellungnahme der Evangelischen Kirche in Deutschland gelten
kann. Sie soll der »Klärung und Vertiefung des eigenen Glaubens«
und dem »Gespräch mit den römisch-katholischen Christen« dienen (1991: 8). Zu diesem Zweck werden biblische Texte, in denen
Maria eine Rolle spielt, zusammen mit Bildern, Gesangbuchversen,
Gebeten, liturgischen Stücken, Luther-Zitaten und kurzen Betrach-
tungen zusammengestellt.

Das Bemühen der Verfasser, sämtliche Aussagen über Maria auf
Christus hin auszulegen und ihm unterzuorden, ist offensichtlich.
Der Titel »Gottesgebärerin« etwa besage, »daß Maria die Mutter
dessen ist, der als wahrer Mensch auch wahrer Gott ist und in ein-
zigartiger, eindeutiger und endgültiger Weise Gottes Wesen und
Willen offenbart hat« (S. 16). Maria habe keine eigenständige Bedeu-
tung für den Glauben. »Sie ist nur ein wunderbares Beispiel für das
Gnadenwirken Gottes im Menschen. Christen, die keine persön-
liche Beziehung zu Maria haben, fehlt darum nichts, was zu ihrem
Heil notwendig ist« (S. 18).

Insofern wird hier eine klare Distanz zur römisch-katholischen
Mariologie gewahrt. Dennoch sind Zugeständnisse an die römisch-
katholische Seite nicht zu übersehen. Beispielsweise bleibt unklar,
wie sich die soeben zitierten Sätze mit der Aussage vertragen, Maria
habe als Mutter des Erlösers »einen besonders wichtigen Platz in der
Heilsgeschichte und somit in der Gemeinschaft der Heiligen«
(S. 82). Sonderbar ist auch der beschwichtigende Satz: Ob die theologischen Aussagen von der Empfängnis Jesu durch den Heiligen
Geist und der Jungfrauengeburt »nur bildhaft oder zugleich historisch und biologisch zu verstehen sind, ist eine Frage, an der die
Auffassungen unter Christen auseinandergehen können« (S. 14).
Hat hier die historisch-kritische Forschung ein Vierteljahrtausend
lang etwa vergeblich gearbeitet?

Das Fazit der Handreichung lautet: »So hat Maria auch im Glau-
bensleben der evangelisch-lutherischen Kirche ihren Platz, den neu

zu entdecken für den evangelischen Christen eine glaubensstärkende Aufgabe sein kann« (S. 88).

Den Schriftgebrauch der Handreichung kann man nur als vorkritisch bezeichnen. Aus einer Fülle von exegetischen Ungeheuerlichkeiten seien hier nur einige Beispiele gegeben:

a) Es wird verschleiert, daß im Neuen Testament verschiedene, zum Teil gegensätzliche Auffassungen über den Ursprung Jesu enthalten sind. So folgen etwa auf die Wiedergabe eines Kirchenliedes, in dem Jesus als »Jungfrau Sohn« bezeichnet wird, die Behauptung, der Apostel Paulus sage »das gleiche mit anderen Worten«, und ein Zitat von Gal 4,4–7 (S. 37). In Wirklichkeit läßt sich dieser Text wie alle anderen Aussagen des Paulus zum Ursprung Jesu mit der Rede von der Jungfrauengeburt schwerlich vereinbaren. Der Apostel vertritt vielmehr eine Präexistenz- und Inkarnationschristologie, die sich an der Jungfrauengeburt desinteressiert zeigt.

b) Im Zusammenhang der Weihnachtsgeschichte des Lukas heißt es, hier habe sich »in wunderbarer, alle Vorahnungen übertreffender Form erfüllt, was der Prophet Jesaja viele Jahrhunderte zuvor angekündigt hat« (S. 36). Daß in Jes 7,14 nicht von einer Jungfrau, sondern von einer »jungen Frau« die Rede ist, wird dabei ebenso unterschlagen wie die Tatsache, daß der Kontext der ohnehin fiktiven Szene Jes 7,10ff zweifellos ein noch zu Lebzeiten des Königs Ahas (gest. 725 v. Chr.) eintretendes Ereignis erfordert (vgl. Lüdemann 1996: 17–20).

c) Die Verfasser zitieren Ulrich Wilckens mit dem Satz, daß Maria mit ihrem Magnificat (= Lk 1,46–55) »in die Reihe der alttestamentlichen Propheten«, die »mit unbestechlicher Härte und Klarheit das bevorstehende Gericht Gottes gegenüber allem menschlichen Hochmut im politischen und sozialen Bereich verkündigen«, eintrete (S. 13). Die Tatsache, daß Maria das Magnificat niemals gesprochen hat, wird nicht erwähnt.

d) Angesichts dessen verwundert es kaum, daß man auch über den legendären Charakter der Kindheitsgeschichten im Matthäus- und im Lukasevangelium nichts erfährt. Die Verfasser der Handreichung schrecken jedoch nicht einmal davor zurück, die einander widersprechenden Erzählungen bei Matthäus und Lukas zu harmonisieren: In den Ausführungen zu Mt 2,1–12 heißt es, die Sternkundigen aus dem Morgenland brächten »dem Kind ihre Gaben dar, ohne sich daran zu stoßen, daß die Krippe zu Bethlehem einem neugeborenen König gar nicht entspricht« (S. 42). Da zuvor Wert darauf gelegt wird, daß es sich bei den Sternkundigen nicht um Könige handelt, liegt die Vermutung nahe, die Verfasser hätten der Volksfrömmigkeit nach diesem harten Schlag nicht zu viel zumuten wollen. Was liegt denn auch daran, daß im Matthäusevangelium eine Krippe mit keinem Wort erwähnt wird?

Diese Handreichung, an der maßgebliche Repräsentanten des deutschen Protestantismus bis hin zum ehemaligen Professor für Neues Testament und späteren Bischof der Nordelbischen Kirche, Ulrich Wilckens, mitgearbeitet haben, weist also erhebliche Mängel auf und fördert insbesondere auch hinsichtlich der Person der »Jungfrau« Maria das Unwissen unter den evangelischen Kirchenmitgliedern. Denn diese stehen – das kann nicht oft genug betont werden – unter dem nachhaltigen Einfluß des Gottesdienstes und seiner Liturgie, der nur durch einschneidende Maßnahmen und rücksichtslose Aufklärung gebrochen werden kann, auch wenn sich in Zeiten finanzieller Engpässe wie in der Gegenwart starke Restaurationsbestrebungen breitmachen. Diese sind nach meiner Einschätzung so stark, daß heutzutage im deutschen evangelischen Raum die Ordination von Frauen vermutlich nicht mehr durchsetzbar wäre.

Es ist wohl kein Zufall, daß in der neuen protestantischen Renommier-Enzyklopädie, der »Theologische(n) Realenzyklopädie« (TRE), das Stichwort »Maria / Marienfrömmigkeit« überaus umfassend behandelt wird (Bd. 22, 1992, S. 115–161). (Man vgl. demgegenüber den schmalen Artikel in der dritten Auflage der »Religion in Geschichte und Gegenwart« [RGG], Bd. IV, Sp. 763–770.) Aber auch in den aktuellen theologischen Strömungen, wie der feministischen Theologie und der Befreiungstheologie, spielt Maria zunehmend eine wichtige Rolle. Daher ist es an der Zeit, noch einmal allgemeinverständlich das herauszuarbeiten, was wir über Maria wissen können. Ich setze dabei schlicht voraus, daß historische Kenntnisse die Grundlage theologischer Urteile sein müssen. Alles andere führt zu einer Unverbindlichkeit, die sich zwar rühmen mag, die (abergläubischen) Traditionen der anderen zu respektieren, aber in Beliebigkeit zu versinken droht. Dies hat sich mir zuletzt bei der Lektüre des neuesten Buchs über Maria ergeben (Gaventa 1995). Die Autorin entschuldigt sich gleich zu Anfang dafür, nicht die Frage der Jungfrauenschaft der Maria auch *nach* der Geburt Jesu erörtert zu haben, und wehrt den Verdacht ab, damit die Tradition anderer abwerten zu wollen (S. IX). Darf man etwa nicht mehr sagen, daß die Tradition der immerwährenden Jungfrauenschaft Marias historisch unsinnig ist?

Kapitel 2:
Maria im Neuen Testament und in den christlichen Quellen außerhalb des Neuen Testaments: Redaktion, Tradition, Geschichte

Zur Vorgehensweise

Auf die Mutter Jesu kommen die folgenden Schriften des Neuen Testaments direkt oder indirekt zu sprechen:
- der Brief des Apostels Paulus an die Galater (ca. 51 n. Chr.) und der an die Römer (ca. 53 n. Chr.);
- das älteste Evangelium (MkEv) etwa aus dem Jahre 70; kirchliche Tradition des frühen 2. Jh.s schrieb es Markus, dem sogenannten Dolmetscher des Apostels Petrus, zu;
- das erste Evangelium (MtEv) – später auf den Jünger Matthäus zurückgeführt –, das unter Verwendung des MkEv und anderer Sonderquellen sowie der mit Lukas gemeinsamen Spruchquelle mutmaßlich in Antiochien um 90 n. Chr. abgefaßt wurde;
- das Lukasevangelium (LkEv) und die Apostelgeschichte (Apg); kirchliche Sammler brachten diese beiden um die Jahrhundertwende an einen gewissen Theophilus gerichteten Schriften erst im 2. Jh. mit dem Paulusbegleiter Lukas in Verbindung;
- das vierte Evangelium (JohEv), das im Anhang (Kap. 21) auf den Lieblingsjünger (Joh 21,23f) zurückgeführt wird, den kirchliche Kreise Mitte des 2. Jh.s fälschlich mit Johannes, dem Sohn des Zebedäus, identifizierten. Die Endgestalt des mehrmals überarbeiteten vierten Evangeliums stammt aus dem Anfang des 2. Jh.s.

Das letzte Buch der Bibel, die Offenbarung des Johannes, enthält keinen Hinweis auf Maria, denn die Frau aus Offb 12, die einen Sohn gebar und in die Wüste floh (Offb 12,5f), hat mit Maria nichts zu tun, sondern bezieht sich auf Israel, aus dem der Messias kommt.

Mutmaßlich alte Überlieferung findet sich in folgenden Zeugnissen außerhalb des Neuen Testaments:

- im Thomasevangelium (ThEv), einer im Jahre 1945 gefundenen Sammlung von 114 Jesuslogien aus dem Anfang des 2. Jh.s;
- im Protevangelium des Jakobus, einer zur Verherrlichung der Maria verfaßten Schrift aus dem Ende des 2. Jh.s, die vor allem die jüdisch-christliche Kontroverse über die Geburt Jesu aus der Maria widerspiegelt;
- in dem Werk des platonischen Philosophen Celsus, der in der zweiten Hälfte des 2. Jh.s unter dem Titel »Wahres Wort« die erste Streitschrift gegen die junge Kirche verfaßte und hier jüdische Kritik gegen Maria wiedergibt.

Die sogenannten Pilatusakten aus der Mitte des 2. Jh.s, die auf der Grundlage der neutestamentlichen Evangelien romanhaft unter anderem den Prozeß Jesu schildern, sind zwar ein wichtiges Zeugnis für die Weiterentwicklung neutestamentlicher Überlieferungen; für die historische Rückfrage nach den wirklichen Umständen der Geburt Jesu kommen sie aber nicht in Betracht, da die diesbezüglichen Ausführungen (2,2–6) das MtEv voraussetzen und keine älteren Traditionen enthalten.

Das gleiche gilt dort, wo etwa Judenchristen im 2. Jh. das MtEv ohne Vorgeschichte (Kap. 1 und 2) verwenden und meinen, Jesus sei zwar der Messias, aber als Mensch von Menschen geboren (vgl. Justin, Dial 48,4). Die darin implizierte Vaterschaft Josephs geht nicht auf die allererste Zeit zurück, sondern ist eine Rückentwicklung auf der Grundlage des MtEv. Deswegen diskutiere ich diese und ähnliche Texte hier nicht weiter. Beispielsweise käme ja auch niemand auf die Idee, gnostische Lehren zu Joseph als natürlichem Vater Jesu in die allererste Zeit zu datieren. Vgl. etwa Philippusevangelium 91: »Der Apostel Philippus sagte: ›Joseph, der Zimmermann, pflanzte einen Garten, weil er Holz für sein Handwerk benötigte. Er ist es, der das Kreuz hergestellt hat aus den Bäumen, die er anpflanzte. Und (so) hing sein Same an dem, was er angepflanzt hatte. Sein Same war Jesus, die Pflanze aber war das Kreuz.‹« Auch hier gilt, daß Einzelpassagen des Neuen Testaments Anlaß für solche Aussagen gegeben haben. Sie können daher im Rahmen dieser Arbeit unberücksichtigt bleiben (vgl. den reichhaltigen Überblick bei Campenhausen 1979: 80–85, mit anderer Einschätzung).

Ich gehe die Texte in ihrer allgemein anerkannten chronologischen Reihenfolge durch, und zwar jeweils in drei Schritten: Der *erste* behandelt die Aussageabsicht des Endverfassers (Redaktion), wobei je nach Eigenart des Textes Ausführungen zu Einleitungsfragen und zur Gliederung vorwegstehen mögen; der *zweite* thematisiert die vom Endverfasser mutmaßlich bearbeitete Überlieferung (Tradition), der *dritte* bestimmt den historischen Wert der Überlieferung (Historisches). In der jeweils voranstehenden Übersetzung der Texte wird das quellenkritische Ergebnis der nachfolgenden Analyse insofern bereits berücksichtigt, als – soweit dies möglich ist – redaktionelle Bildungen und Hinzufügungen des jeweiligen Endverfassers zu den ihm vorliegenden Traditionen kursiv gesetzt sind.

Der *Vorteil* eines solchen Vorgehens besteht darin, daß jede einzelne Schrift in ihrer Eigenart ernstgenommen und nicht nur als Informationsquelle über das dort Berichtete ausgeschlachtet wird. Letzteres geht vor allem deswegen nicht, weil kein Verfasser der hier untersuchten Dokumente Augenzeuge war. So verlangt auch die Eigenart der frühchristlichen Schriften über Maria nach der hier gewählten Methode, die sich tausendfach in der Analyse von Texten des Neuen Testaments zu anderen Themen bewährt hat.

Der *Nachteil* dieses Ansatzes ist, daß er das in der Redaktionsarbeit eventuell verborgene allgemeine Wissen der einzelnen Verfasser zunächst nicht in den Blick nimmt. Der Vorwurf des Reduktionismus gegen den hier eingeschlagenen Weg liegt also immer nahe, auch wenn es m.E. keine andere erfolgversprechende Methode gibt. Im Vollzug der Analyse wird jedoch diesem Einwand Rechnung getragen, sofern der Text es zuläßt.

Paulus

Gal 4,4:
Die Geburt des Gottessohnes aus einer Frau

»Als aber die Zeit erfüllt war, sandte Gott seinen Sohn, geboren von einer Frau und unter das Gesetz getan.«

Redaktion

Der Vers ist eingebettet in einen Abschnitt über die »Befreiung vom Gesetz durch Christus« (so auch die Überschrift in der Lutherbibel). Die Galater hatten eine bestimmte Zeit lang unter »der Knechtschaft der Mächte der Welt« (V. 3) gestanden und dementsprechend »bestimmte Tage, Monate und Zeiten und Jahre« beobachtet (V. 10). Jetzt aber hatte Gott seinen Sohn gesandt, damit er die erlöse, die unter dem Gesetz, nämlich unter den Mächten der Welt, waren, und ihnen die Kindschaft eröffne. Paulus umschreibt den Stand der Kindschaft in unmittelbarem Kontext der zitierten Stelle folgendermaßen: »Weil ihr nun Kinder seid, hat Gott den Geist seines Sohnes gesandt in unsere Herzen, der da ruft: Abba, lieber Vater! So bist du nun nicht mehr Knecht, sondern Kind; wenn aber Kind, dann auch Erbe durch Gott« (Gal 4,6f).

Im Rahmen dieser Erlösungstat läßt Gott Jesus von einer Frau, deren Namen Paulus nicht nennt, geboren sein, wobei die Wortwahl »Frau« (griech. *gyne*) für sich nicht erkennen läßt, ob Paulus eine verheiratete oder eine unverheiratete Frau im Blick hat. (Auf Nachfrage hätte der Apostel aber zweifellos für eine verheiratete Frau votiert, da er Geschlechtsverkehr außerhalb der Ehe als Unzucht ansah; vgl. 1Kor 7,2: »Aber wegen der [Gefahr der] Unzucht soll jeder seine eigene Frau und jede ihren eigenen Mann haben.«) Jesus wurde durch seine Geburt unter das Gesetz getan. Für Paulus gehört die Mutter Jesu also der abgetanen Zeit an. Der Sohn Gottes aber wurde gesandt, um jene unter dem Gesetz zu erlösen und um so ein neues Verhältnis zwischen Gott und Mensch zu begründen.

Maria als Person spielt an dieser Stelle theologisch keine Rolle. Sie wird auch an keiner anderen Stelle der Paulusbriefe ausdrücklich genannt.

Tradition

Entweder war die Nachricht, daß Jesus von einer Frau geboren wurde, Paulus vorgegeben, oder er hat sich das selbst erschlossen. Ausgangspunkt für diese Nachricht ist jedenfalls der Glaube, daß Gott seinen Sohn gesandt und Mensch hat werden lassen. Die Sendung setzt eine Jungfrauengeburt der betreffenden Person nicht zwingend voraus. Beispielsweise wurde Johannes der Täufer auch von Gott gesandt (vgl. Joh 1,6), und niemand dachte ihn sich als von einer Jungfrau geboren.

Historisches

Die sich sofort stellende historische Frage, ob Paulus den Namen der Mutter Jesu gekannt hat und ob er weiter um die Jungfrauengeburt gewußt hat, ist kaum zu beantworten. Paulus wußte mehr, als er in seinen Briefen schreibt, und hat mehr Briefe geschrieben, als erhalten sind. Doch wiegt schwer, daß er relativ viele verschiedene Aussagen zu Jesus gemacht hat, von denen keine die Geburt aus der Jungfrau auch nur andeutet.

Röm 1,3–4:
Die fleischliche Abstammung und die Einsetzung des Gottessohnes

»…(Gottes) Sohn, der von David abstammte *nach dem Fleisch* und als Sohn Gottes eingesetzt worden ist in Kraft *nach dem Geist* der Heiligkeit seit der Auferstehung der Toten.«

Redaktion

Die zitierten Verse sind Bestandteil des Präskriptes des Römerbriefes, in dem der Apostel als Absender sich der ihm unbekannten Gemeinde in Rom vorstellt: Er sei berufener Apostel Jesu Christi, abgesondert für das Evangelium Gottes (Röm 1,1–2). Dies steht im Einklang mit anderen Selbstaussagen des Paulus. Ihnen zufolge wurde ihm der Gottessohn geoffenbart, damit er den Heiden das Evangelium predige (vgl. Gal 1,15f). Nach Röm 1,3 ist Jesus bereits Gottes Sohn während seines irdischen Daseins und war schon Gottes Sohn, bevor er Mensch wurde. Im Glauben an ihn ist sich Paulus mit den römischen Christen einig. Daß für Paulus der irdische Jesus nur im Lichte des auferstandenen Gottessohnes zählt, drücken die Zusätze »nach dem Fleisch« und »nach dem Geist« in V. 3 und in V. 4 aus.

Tradition

Seit langem steht fest, daß in V. 3–4 eine Überlieferung verwendet wird. Dafür spricht erstens die unpaulinische Sprache, zweitens der (nur im Griechischen mögliche) formelhafte Partizipialstil und drittens der unpaulinische Inhalt einzelner Aussagen. So wurde der Tradition zufolge Jesus erst zum Sohn Gottes seit bzw. durch die Auferstehung der Toten eingesetzt, während er bei Paulus bereits vor dem Eintritt in das menschliche Dasein Sohn Gottes war (vgl. den oben S. 52f analysierten Text Gal 4,4). Der mutmaßliche Text der Formel lautet wie folgt: »Von David abstammend, eingesetzt zum Sohn Gottes in Kraft seit der Auferstehung der Toten.«

Historisches

Die Tradition enthält keinerlei Hinweis auf die wunderbare Geburt Jesu. Er ist vielmehr ein Abkömmling aus Davids Geschlecht, ein Davidide. Ob dieser Anspruch durch seine Mutter oder durch seinen Vater entstand, wird nicht gesagt.

Also trägt auch dieser zweite Text des Paulus nichts für die Rückfrage nach dem Jungfrauensohn und seiner Mutter aus, obwohl er natürlich die Geburt Jesu aus einer Frau voraussetzt.

Markusevangelium

Mk 3,20–35:
Die Angehörigen und die wahren Verwandten Jesu

Redaktion

Das älteste Evangelium enthält in Kap. 3 eine grundsätzliche Stellungnahme zum Verhältnis Jesu zu seiner Mutter und umgekehrt. Sie befindet sich innerhalb eines Abschnitts (Mk 3,20–35), der die für Markus typische Verschachtelungstechnik aufweist. Man vgl. die große Anzahl von Belegen – die eingeschachtelte Erzählung ist jeweils in Klammern gesetzt: 5,21–43 (V. 25–34); 6,7–30 (V. 14–29); 11,12–25 (V. 15–19); 14,1–11 (V. 3–9); 14,54–72 (V. 55–65). Die anderen Evangelien des Neuen Testaments, die das MkEv ausschreiben, machen die Verschachtelung regelmäßig rückgängig, ein Grund mehr, sie als Stilmittel des Markus aufzufassen, der damit regelmäßig eine zusammenhängende Überlieferung auseinandergerissen und in sie, um einen größeren dramatischen Effekt zu erzielen, eine weitere Erzählung eingearbeitet hat.

Mk 3,20–21 lauten:

»(20) *Und er (Jesus) ging in ein Haus. Und da kam abermals das Volk zusammen, so daß sie nicht einmal essen konnten. (21) Und als es die Seinen hörten, machten sie sich auf und wollten ihn festnehmen; denn sie sprachen: Er ist von Sinnen.*«

In diesem Stück geht V. 20 aus sprachlichen und inhaltlichen Gründen ganz auf Markus zurück. V. 21 bildet dagegen den Anfang des Überlieferungsstückes, das Markus zerrissen hat.

Darauf folgt eingeschachtelt eine Geschichte über »Jesus und die bösen Geister« (V. 22–30), in der Schriftgelehrte aus Jerusalem gegen Jesus den Vorwurf erheben, er sei besessen (V. 22). Diese Attacke steigert den Vorwurf der Verwandten aus V. 21 und wird von Markus den Schriftgelehrten in den Mund gelegt. Jerusalem ist für Markus die feindselige Stadt, in der Jesus getötet werden wird und die deshalb dem Untergang geweiht ist. Schriftgelehrte aus Jerusalem sind für Markus also die schlimmsten vorstellbaren Gegner.

Anschließend (Mk 3,31–35) setzt sich die in V. 20–21 begonnene Erzählung fort:

»(31) Und es kamen seine Mutter und seine Brüder und standen draußen, schickten zu ihm und ließen ihn rufen. (32) *Und das Volk saß um ihn.* Und sie sprachen zu ihm: Siehe, deine Mutter und deine Brüder und deine Schwestern draußen fragen nach dir. (33) Und er antwortete ihnen und sprach: Wer ist meine Mutter und meine Geschwister? (34) Und er sah ringsum auf die, die um ihn im Kreise saßen, und sprach: Siehe, das ist meine Mutter und das sind meine Geschwister! (35) Denn wer Gottes Willen tut, der ist mein Bruder und meine Schwester und meine Mutter.«

V. 31–33: Markus kennzeichnet »die Seinen« aus V. 20 nachträglich als leibliche Familie Jesu. Auf die Frage des Volkes (V. 32) definiert Jesus seine Familie neu.

V. 34–35: Nur diejenigen können Bruder, Schwester oder Mutter Jesu sein, die den Willen Gottes tun. Auffällig ist dabei das Fehlen des Vaters Jesu. Den Schlüssel zum Verständnis liefert Mk 10,29–30: »Jesus sprach: Wahrlich, ich sage euch: Es ist niemand, der Haus oder Brüder oder Schwestern oder Mutter oder Vater oder Kinder oder Äcker verläßt um meinetwillen und um des Evangeliums willen, der nicht hundertfach empfange: jetzt in dieser Zeit Häuser und Brüder und Schwestern und Mütter und Kinder und Äcker mitten unter Verfolgungen – und in der zukünftigen Welt das ewige Leben.« Beide Stellen spiegeln eine Gemeinschaft der Nachfolge Jesu wider, die keinen Vater römisch-patriarchaler Art kennt. Das muß nicht dem theologischen Grund widersprechen, daß Jesus zufolge alle denselben himmlischen Vater haben und deshalb keiner irdischen Väter bedürfen.

Tradition
Markus hat eine Überlieferung vorgefunden, die den Grundstock von V. 21.31–35 bildete. Sie kann als ideale Szene bezeichnet werden, in der sich Jesus über seine wahre Familie äußert.

Historisches
In der idealen Szene sind zwei Traditionskerne enthalten, die auf historisches Urgestein schließen lassen:
a) Die Familie Jesu hielt ihn für verrückt (V. 21). Eine solche Nachricht wäre zu anstößig, als daß sie hätte erfunden werden können. Zudem lassen Matthäus und Lukas in der Verarbeitung des

MkEv diese Notiz ersatzlos aus (s. unten S. 89 und S. 119). Sie *streichen* sie also.

b) Der Satz V. 35 reflektiert die soziale Struktur von Gemeinden in der Nachfolge Jesu vor und / oder nach »Ostern« (vgl. oben zur Redaktion). Der Vers spiegelt die Situation von ortsansässigen Konvertiten wider, die von ihrer Familie verstoßen worden waren (vgl. Lk 14,26 / Mt 10,37), und verheißt ihnen eine soziale Ersatzfamilie. Es wäre verlockend, diese Situation in der Jesusbewegung anzusiedeln, auch wenn starke Gründe für eine spätere Phase sprechen.

Zur Frage, ob Jesus Brüder und Schwestern gehabt hat, verbunden mit dem zusätzlichen Problem, ob diese als Cousinen oder Cousins übersetzt werden können, trägt V. 35 demnach nichts aus.

Mk 6,1–6:
Die Ablehnung Jesu, des Sohnes der Maria, in seiner Vaterstadt

»(1) *Und er ging von dort weg.* Und er kommt in seine Vaterstadt, *und seine Jünger folgen ihm.* (2) Und als es Sabbat wurde, *begann er in der Synagoge zu lehren,* und viele hörten es und gerieten außer sich und sagten: Woher hat dieser das? Und was ist das für eine Weisheit, die diesem gegeben wurde, *und was sind das für Wunder, die durch seine Hände geschehen?* (3) Ist dieser nicht *der Handwerker,* der Sohn der Maria *und Bruder von Jakobus und Joses und Judas und Simon? Und sind nicht seine Schwestern hier bei uns?* Und sie nahmen an ihm Anstoß.

(4) Und Jesus sagte zu ihnen: Nirgends gilt der Prophet als ehrlos außer in seiner Vaterstadt *und bei seinen Verwandten und in seinem Haus.*

(5) *Und er konnte dort kein Wunder wirken. Nur wenigen Schwachen legte er die Hände auf und heilte sie.* (6) *Und er wunderte sich über ihren Unglauben. Und er ging rings umher in die Dörfer und lehrte.*«

Redaktion

V. 1a als Überleitung und die Erwähnung der Jünger in V. 1b, die im folgenden keine Rolle spielen, gehen auf Markus zurück.

V. 2a enthält das für Markus typische Motiv des Lehrens Jesu und erinnert damit an Jesu Auftreten in Kapernaum (1,21–28); vgl. bes. 1,21 f: »(21) Und sie gingen hinein nach Kapernaum; und alsbald am Sabbat ging er in die Synagoge und lehrte. (22) Und sie entsetzten sich über seine Lehre; denn er lehrte mit Vollmacht und nicht wie die Schriftgelehrten.« Die Frage nach Jesu Wundern in V. 2b dürfte wegen des häufigen Vorkommens des Wundermotivs (vgl. V. 5) und wegen der Wundertaten im Kontext (Kap. 5 enthält allein drei massive Wunder) ebenfalls redaktionell sein.

V. 3: Die Frage der Zuhörer streicht heraus, daß es mit Jesus nichts Außergewöhnliches auf sich hat: Er ist doch der Handwerker, den sie alle kennen. Und ebenso sind ja seine Brüder und Schwestern bekannt. *Daher* nimmt man Anstoß an dem besonderen Anspruch Jesu (zur ungewöhnlichen Wendung »Sohn der Maria« statt »Sohn des Joseph« vgl. die Traditionsanalyse).

V. 4: Die zweite Hälfte geht auf die redaktionelle Verknüpfung zwischen Weisheitssatz und Erzählung zurück.

V. 5: Das Wundermotiv ist redaktionell (s. oben zu V. 2).

V. 6: Mit der Schlußbemerkung V. 6a erscheint die Wortgruppe Glaube/Unglaube zum vierten Mal innerhalb des Großabschnittes 4,31–6,6a und ist daher seine Klammer. Die Menschen erwarten wegen ihres Glaubens Wunder von Jesus, ja, sie können wie die blutflüssige Frau Jesus ohne seinen Willen zu einem Wunder veranlassen. Markus ermuntert in diesem Abschnitt also seine Leserschaft zu glauben, daß Jesus Wunder tut. Die Szene und das Verhalten der Leute in Nazareth bilden dazu das negative Gegenbild.

Tradition
Möglichkeit 1: In Mk 6,1–6 liegt ein Musterbeispiel dafür vor, wie aus einem allgemein weisheitlichen Satz (V. 4a) heraus eine Erzählung gestaltet worden ist. Der Stichwortanschluß zur Komposition der Geschichte ist »Vaterstadt« (V. 1/V. 4).

Möglichkeit 2: V. 4a, der allgemein-weisheitliche Satz, ist von Markus in eine Geschichte von dem erfolglosen Auftreten Jesu in seinem Heimatort (Nazareth) eingefügt worden. Markus hat sich vom Stichwort »Vaterstadt« anregen lassen, den weisheitlichen Satz anzufügen. Diese Möglichkeit ist wahrscheinlicher: Die Sentenz V. 4a versucht, die für die christliche Gemeinde schwer verständliche und anstößige Tatsache einer Erfolglosigkeit Jesu zu verarbeiten.

Die Form der Erzählung vom erfolglosen Auftreten Jesu in seiner Heimatstadt ist nicht mehr sicher zu bestimmen. Es dürfte sich um allgemeines Wissen handeln, das Markus zur Verfügung stand.

»Sohn der Maria«
In der Überlieferung sticht als Argument gegen Jesus die Bemerkung heraus, er sei der Sohn der Maria. Dieses Argument entschärft Markus offenbar durch einen neutralen Familienkatalog, der wegen der dort gegebenen Namen auf Überlieferung zurückgehen dürfte. Doch bleibt der Satz »Sohn der Maria« um so ungewöhnlicher, als ein jüdischer Mann normalerweise mit dem Namen seines Vaters

verbunden wurde, selbst dann, wenn der Vater schon gestorben war (gegen Brown u. a. 1978: 64). Man vgl. die Namen von einigen bekannten rabbinischen Lehrern: Johanan ben Zakkai, Akiba ben Joseph, Hanania ben Dosa.

Im Alten Testament kommen einige Ausnahmen von dieser Regel vor.

a) Die Benennung nach der Mutter erscheint regelmäßig dort, wo die Söhne von einem Vater, aber von verschiedenen Müttern abstammen; vgl. Gen 21,9: Sohn der Hagar im Unterschied vom Sohn der Sara usw.

Ein weiteres Beispiel bestätigt dies: Adonija, der Sohn der Haggit (1Kön 1,5.11; 2,13), will Salomo den Thron streitig machen. Beide sind Söhne Davids; Adonija wird aber als Sohn der Haggit eingeführt, weil Salomo Sohn der Bathseba ist. Ohne diese Konkurrenzsituation würden beide Söhne Davids genannt werden.

b) An einigen Stellen des Alten Testaments mögen Reste matriarchalischen Denkens vorliegen, etwa wenn in 2Sam 2,18 u. ö. drei der militärischen Führer Davids nach ihrer Mutter benannt werden (die Söhne der Zeruja: Joab, Asael, Abischai).

c) Die Nennung nach der Mutter erfolgt in Mischehen zwischen Heiden und einer jüdischen Frau (vgl. Lev 24,10f: Sohn der Schelomith).

d) Die Nennung nach der Mutter erfolgt dagegen nicht, wenn der Vater gestorben ist: 1Kön 17,17 ist kein Gegenbeispiel, da die Nennung nach der Mutter dadurch bedingt ist, daß der Vater ein Heide ist. Auch Lk 7,12 (»der einzige Sohn seiner Mutter«) ist keine Gegeninstanz, denn diese Bemerkung ist dadurch bedingt, daß die Frau, eine Witwe, auf die Hilfe ihres Sohnes angewiesen war.

e) Illegitime Söhne wurden nicht nach ihrem Vater, sondern nach der Mutter genannt: Jephta, Sohn einer Hure (Ri 11,1).

Vielleicht gehört hierher auch die Selbstbezeichnung Davids als Sohn der Ruth (vgl. Neusner 1993: 103–109). Die Selbstbezeichnung steht im Kontext des Vorwurfs gegen David, er stamme von der Moabiterin Ruth ab, die eine geborene Heidin war. Vgl. Midrasch Ruth zu Ruth 4,18: (David:) »Wie lange eifern sie sich noch gegen mich und sagen: Hat seine Familie nicht einen Makel (um in Israel einzuheiraten)? Stammt er nicht von der Moabiterin Ruth ab?« Dagegen verteidigt sich David mit dem Hinweis an seine jüdischen Feinde, daß sie selbst einen Makel haben und von zwei Schwestern abstammen, Lea und Rahel, mit denen Jakob nicht hätte zur gleichen Zeit verheiratet sein dürfen (vgl. Lev 18,18).

Die Diskussion um David als Sohn der Ruth beleuchtet den Hintergrund der Polemik gegen Jesus als Sohn der Maria. Auch bei David ging es um Illegitimität im weiteren Sinne. Die Gemeinsamkeit – das können wir vorweg sagen – besteht *nicht* in der gemeinsamen heidnischen Herkunft der Mutter (so freilich Seeberg 1918 und Hirsch 1939) bzw. Großmutter, da Maria Jüdin ist. Dafür spricht schon ihr jüdischer Name: Maria = Mirjam. Aber Illegitimität dürfte gleichwohl vorgelegen haben, denn sonst wäre Jesus nicht nach seiner Mutter benannt worden.

Demgegenüber wird teilweise die Vermutung geäußert, die Bezeichnung »Sohn der Maria« beruhe auf einer möglicherweise schon einsetzenden Verehrung Marias als Herrenmutter – wobei allein schon die Tatsache ihrer Mutterschaft an sich als Erklärung ausreichend sei (so Gnilka 1989: 231 f). Das aber ist unwahrscheinlich (s. unten).

In jedem Fall entstammt der Ausdruck »Sohn der Maria« einer Überlieferung, die in der allerersten, bald von der Kontroverse um die Vollmacht Jesu geprägten Zeit geläufig war.

Ein wesentlicher Grund für die Annahme, »Sohn der Maria« sei *polemisch* gemeint, liefern die beiden Seitenreferenten, Matthäus und Lukas, die jeweils »Sohn der Maria« in »Sohn des Joseph« bzw. »Sohn des Handwerkers« ändern. Außerdem sei auf die Textüberlieferung des MkEv hingewiesen: Ein (an dieser Stelle leicht beschädigter) Evangelienpapyrus aus dem 3. Jh. bringt mit an Sicherheit grenzender Wahrscheinlichkeit in Mk 6,3 folgende Textkorrektur: »Ist dieser nicht der Sohn des Handwerkers und der Maria?« (Papyrus 45).

Zum Abschluß der Traditionsanalyse seien nochmals die drei wichtigsten Gründe für die Annahme aufgeführt, die Wendung »Sohn der Maria« nehme die fehlende Legitimität Jesu aufs Korn:

1. Die Wendung wird in Jesu Heimatstadt (Nazareth oder Kapernaum) ausgesprochen.

2. Sie erscheint auf den Lippen derjenigen, die Jesus nicht völlig verstanden haben bzw. ihm gegenüber feindlich sind.

3. Markus wiederholt den Satz von Mk 6,3 nicht. Er beantwortet den Vorwurf nicht dadurch, daß er ihn zurückweist, sondern indem er in V. 4b die Verwandten für unwichtig erklärt.

Abschließend sei noch gefragt, ob nicht der Vorwurf der Unehrenhaftigkeit von Mk 6,4 a direkt mit dem Hohnwort, »Sohn der Maria« zu sein, zusammenhängt. Man vgl. Sap 3,16 f: »(16) Aber die Kinder der Ehebrecher geraten nicht, und die Nachkommen aus gesetzwidriger Ehe werden vertilgt. (17) Denn wenn sie auch lange leben, werden sie doch nichts gelten, und ihr Alter wird zuletzt doch *ohne Ehre* sein...«

Das hieße dann, Jesus sei unehrenhaft, weil er von illegitimer Herkunft ist.

Historisches

Der Mk 6,4 zugrunde liegende Spruch geht unter Abzug seines zweiten Teils vielleicht auf Jesus zurück. Er könnte Jesus aber auch später in den Mund gelegt worden sein.

Als historisch ist zu erschließen, daß die Bezeichnung Jesu als »Sohn der Maria« bereits in seinem Heimatort gegen ihn geäußert wurde. Die Wendung ist dann als Hohnwort zu bezeichnen, das den Finger auf einen wunden Punkt der Abstammung Jesu legt. Wenn die aufgebrachten Leute seines Heimatortes ihren Landsmann Jesus als »Sohn der Maria« bezeichnen, so ist das ein arges Schimpfwort. Der Schlüssel für sein Verständnis ist, daß Jesus verächtlich nach seiner Mutter und nicht nach seinem Vater, wie es üblich war, benannt wird. Der Vorwurf bringt also zum Ausdruck: Dieser Bursche, der uns da Predigten halten will, hat keinen richtigen Vater; er ist ein Bastard (vgl. Stauffer 1969).

Im Falle der Richtigkeit der vorgelegten historischen Rekonstruktion ergibt sich folgender zusätzlicher Sinn für das markinische Verständnis der Szene: Markus entschärft das Hohnwort durch die Einfügung in einen neutralen Familienkatalog. Demnach entfällt ein möglicher Einwand gegen die obige Deutung, dem zufolge eine Anschuldigung unehelicher Herkunft (V. 3) nach einer Antwort Jesu verlangt hätte. Man beachte zusätzlich, daß die Geschwister Jesu nicht auch nach ihrer Mutter Maria benannt werden.

Die folgenden drei Verständnisse des Textes sind abwegig:

a) Markus habe den Namen Josephs aus der Tradition hinter Mk 6,3 entfernt, weil Joseph keinen Ehrenplatz in der Kirche Jerusalems innehatte. Gleichzeitig sei damit ein Manifest gegen die rechtliche und lehrhafte Hegemonie der Jerusalemer Kirche geschrieben. Daher das positive Desinteresse an Joseph. Dies ist eine Hypothese zweiten Grades.

b) Die Aussage, Jesus sei der Sohn Marias, sei ein indirekter Hinweis auf die Jungfrauengeburt. Denn im anderen Fall wäre zu erwarten gewesen, daß Jesus Josephs Sohn genannt worden wäre. Doch läßt sich das nicht aus dem Text herauslesen, um so weniger, als Markus an keiner Stelle Interesse an der Jungfrauengeburt zeigt.

c) McArthur hält in seinem wichtigen Aufsatz zur Frage der Herkunft Jesu den Ausdruck »Sohn der Maria« für situationsbezogen: »Oh ja, das ist Marias Sohn von nebenan!« (1973: 57). Aber was soll dieser informelle Ausdruck in einer solch dramatischen Szene? (Vgl. m.R. Brown u. a. 1978: 61 Anm. 108.)

Noch einmal: Der Vater Jesu wird an dieser Stelle nicht genannt, weil kein Zweifel darüber besteht, wer sein wirklicher Vater ist. Wäre Jesus ein leiblicher Sohn Josephs gewesen, hätte der Ausdruck »Sohn der Maria« niemals Eingang in einen frühchristlichen Text gefunden. Die Wendung »Sohn der Maria« ist so schockierend, daß nur Markus den Mut hat, sie zu wiederholen.

Die antichristlichen jüdischen Traditionen von der Geburt Jesu
Die Frage stellt sich nun, ob die im Anschluß an die Analyse der Markus-Texte entworfene Hypothese durch jüdische Quellen abgestützt werden kann, die in einer zeitlichen Nähe stehen.

Die Toledot Jeschu, eine Sammlung volkstümlich-romanhafter Erzählungen über Jesus, berichten in aller Ausführlichkeit von der Verführung der jungen Maria (vgl. Krauss 1902; Schlichting 1982). Doch scheiden sie aus chronologischen Gründen aus, denn sie stammen aus dem Mittelalter. Ebensowenig kommen die rabbinischen Quellen der tannaitischen Zeit (bis 220 n. Chr.) in Frage, denn sie erwähnen an keiner Stelle Maria und Jesus (vgl. Maier 1978: 268).

Diese ernüchternden Urteile besagen freilich nicht, daß es im 2. Jh. keine jüdische Polemik gegen die Kirche gab. Sie ist aber nur schwer zu identifizieren.

Eindeutige jüdische Kritik findet sich a) bei einem Kirchenvater aus der Mitte des 2. Jh.s und b) in der ältesten erhaltenen heidnischen Schrift gegen die Christen eine Generation später.

a) Justin der Märtyrer
Justin (gest. 162 n. Chr.) kommt im Dialog mit dem Juden Tryphon (= Dial) zweimal auf jüdische Vorwürfe gegen Jesus zu sprechen. In Dial 69,7 erwähnt er, daß man ihn für einen Zauberer und Volksverführer halte. Dial 108,2 greift die Behauptung von Dial 17,1 über palästinische Sendboten in die Diaspora auf und gibt folgende Warnung an die jüdischen Diasporagemeinden wieder:

»Nachdem ihr von seiner Auferstehung von den Toten erfahren habt, habt ihr euch nicht nur nicht bekehrt, sondern habt... erlesene Männer ausgewählt und sie in alle Welt ausgeschickt, welche verkündeten: eine gottlose und schlimme Sekte (*hairesis*) ist durch einen gewissen Galiläer Jesus, einen

Verführer, ins Leben gerufen worden; wir haben ihn gekreuzigt, aber seine Jünger haben ihn aus dem Grab, in das er nach der Abnahme vom Kreuz gelegt worden war, bei Nacht gestohlen und machen den Leuten weis, er sei von den Toten auferstanden und in den Himmel aufgefahren.«

Diese für die Mitte des 2. Jh.s belegte jüdische Polemik gegen die Kirche ist mindestens ein knappes Jahrhundert älter, wie Mt 28,15 belegt. Denn der Auskunft des Evangelisten Matthäus zufolge verbreiten Juden bis in seine eigene Gegenwart hinein das Gerücht, die Jünger hätten den Leichnam Jesu gestohlen, um seine Auferstehung zu beweisen.

b) Celsus

Dank der Schrift des Kirchenvaters Origenes (gest. ca. 251 n. Chr.) »Gegen Celsus« sind Auszüge aus einer antichristlichen Streitschrift erhalten geblieben, die der gebildete Heide Celsus ungefähr im Jahre 178 n. Chr. verfaßt hatte (zu ihr bleibt grundlegend Chadwick 1965). Im Rahmen der erhaltenen Stücke bezieht sich Celsus wiederholt auf die Aussagen eines jüdischen Gewährsmannes. In Kap. 1,28–38 begegnet die Behauptung, die Jungfrauengeburt sei von Jesus selbst erdichtet worden. In Wahrheit sei er ärmlicher Herkunft gewesen und entstamme einer ehebrecherischen Beziehung seiner Mutter, einer Handarbeiterin, zu dem Soldaten Panthera. Sie sei darauf vom Ehemann, einem Handwerker, verstoßen worden und habe, ehrlos umherirrend, Jesus irgendwo im geheimen zur Welt gebracht. Dieser sei später nach Ägypten gegangen, um als Tagelöhner zu arbeiten, habe dort mit magischen Kräften umzugehen gelernt und sei schließlich, stolz auf seine Fähigkeiten, in die Heimat zurückgekehrt, wo er sich öffentlich als Gott ausgegeben habe.

Zur besseren Orientierung seien die entscheidenden Passagen hier in deutscher Übersetzung geboten:

1,28: »Hierauf läßt Celsus einen Juden auftreten, der sich mit Jesus selbst unterredet und ihn, wie er meint, wegen vieler Dinge zur Rechenschaft zieht. Zuerst wirft er ihm vor, ›daß er sich fälschlich als den Sohn einer Jungfrau ausgegeben habe‹, er schmäht ihn aber auch, ›daß er aus einem jüdischen Dorf und von einer einheimischen armen Handarbeiterin stamme‹. Er sagt dann, ›diese sei von ihrem Manne, der seines Zeichens ein Zimmermann gewesen, verstoßen worden, als des Ehebruchs schuldig‹. Weiter bringt er vor, ›von ihrem Manne verstoßen und unstet und ehrlos umherirrend, hätte sie den Jesus heimlich geboren. Dieser habe aus Armut sich nach Ägypten als Tagelöhner verdungen und dort sich an einigen Zauberkräften versucht, auf die die Ägypter stolz seien; er sei denn auch zurückgekehrt und habe sich viel auf diese Kräfte eingebildet und sich ihretwegen öffentlich als Gott erklärt«« (Übersetzung nach Koetschau 1926: 38f).

1,32: »Doch wir wollen uns nun wieder zu den Worten zurückwenden, die Celsus den Juden sagen läßt, zu der Behauptung nämlich, ›die Mutter Jesu sei von dem Zimmermann, mit dem sie verlobt war, verstoßen worden, weil sie des Ehebruchs überführt worden sei und von einem Soldaten namens Panthera geboren habe‹. Wir wollen sehen, ob nicht die Fabeldichter ins Blinde hinein ›den Ehebruch der Jungfrau mit Panthera‹ und ›die Vertreibung durch den Zimmermann‹, dies alles erfunden haben, um so die wunderbare Empfängnis vom Heiligen Geiste zu beseitigen« (ebd., S. 44).

1,33: »Denn aus einer solchen verbrecherischen Verbindung mußte eher ein unvernünftiges und schädliches Glied des Menschengeschlechts, eher ein Lehrer der Zuchtlosigkeit und des Unrechts und der übrigen Laster hervorgehen, als ein Lehrer der reinen Sitte, der Gerechtigkeit und der anderen Tugenden. Vielmehr mußte diese Seele, wie dies auch die Propheten vorausgesagt haben, ihren Leib von einer Jungfrau erhalten, die dem verheißenen Zeichen gemäß den gebären sollte, der seinen Namen nach seinem Wirken erhielt, indem dieses erweist, daß wegen seiner Geburt Gott mit den Menschen sein werde« (ebd., S. 46).

Der »Jude« des Celsus vereinigt offenbar die wesentlichen Argumente, die von der jüdischen Seite im 2. Jh. gegen die übernatürliche Geburt Jesu erhoben wurden. Ob sie in das 1. Jh. zurückreichen, ist auf der Grundlage der Schrift des Celsus allein kaum zu entscheiden.

Man kann in ihr allgemein die Kenntnis des MtEv feststellen (vgl. 1,34/Mt 2,2.9; 1,40/Mt 3,16; 1,58/Mt 2,2.7.16), und auch manche Elemente aus dem gerade zitierten Abschnitt erinnern an das MtEv: vgl. Joseph als Zimmermann (nur in Mt 13,55); Empfängnis während der Verlobungszeit (nur in Mt 1,18); Jesu Aufenthalt in Ägypten in Verbindung mit der Behauptung, er sei Sohn Gottes (Mt 2,15); das Motiv der Magier (Mt 2,1), das allerdings bei Celsus ins Negative gekehrt wird.

Jedoch weicht der Text vor allem in zwei Punkten vom MtEv ab: 1. Joseph verstößt seine Verlobte wegen Ehebruchs. 2. Zusätzlich wird der Name des Verführers genannt: dieser sei der römische Soldat Panthera. Die Frage muß daher zunächst offen bleiben, wie umfangreich und wie alt die Tradition ist, die den Argumenten des Juden bei Celsus zugrunde liegt. Daß sie nichts anderes sei als eine Reaktion auf das MtEv (so Meier 1991: 225), ist eine These, die durch den dargestellten Befund widerlegt wird.

Pornographische Interpretation der Jungfrauengeburt durch Juden?

Nun wurde von verschiedenen Seiten vorgeschlagen, in der Behauptung der illegitimen Geburt Jesu eine naheliegende Reaktion auf die Behauptung der Jungfrauengeburt zu sehen. David Friedrich Strauss formulierte sarkastisch: »... es ist mit dieser jüdischen Lästerung dem christlichen Dogma nur sein Recht geschehen. Eine gar zu starke Zumutung muss sich auf derbe Abweisung gefasst machen; auf einen groben Klotz gehört ein grober Keil« (Strauss 1841: 95).

Diese These wird heutzutage mit zwei Argumenten gestützt: a) Ebenso sei auch die Kunde vom Diebstahl des Leichnams Jesu, wie sie in Mt 28,15 und bei Justin (s. oben S. 62 f) vorliegt, eine Reaktion auf den Auferstehungsbeweis des leeren Grabes; b) der Name des Vaters Jesu, Panthera, sei nichts anderes als eine Entstellung bzw. Karikierung des Begriffs *parthenos*, des griechischen Wortes für Jungfrau (vgl. Gnilka 1986: 18). Jesus, der Sohn der *parthenos*, sei eben Sohn des Panthera.

Zu a): Dies trifft wohl zu, so daß grundsätzlich immer eine spontane Gegenlegende für möglich gehalten werden muß. Da Celsus, dessen Schrift Origenes zum allergrößten Teil wiedergibt, aber nichts von dieser Legende des Diebstahls des Leichnams Jesu weiß, muß Vorsicht bei dem Versuch walten, an dieser Stelle voreilig einen Analogieschluß zu ziehen.

Zu b): Hierzu stellt sich *erstens* sofort die Frage, wer eine solche Anspielung hätte verstehen können (vgl. Maier 1978: 266), um so mehr, als Panthera ein bekannter griechischer Eigenname war, der auf lateinischen Inschriften der frühen römischen Kaiserzeit erscheint, und zwar besonders als Zuname römischer Soldaten (vgl. Schaberg 1987: 167). *Zweitens* wird Jesus in den christlichen Quellen der ersten beiden Jahrhunderte niemals »Sohn der Jungfrau« genannt. Wie ist es dann aber plausibel zu machen, daß der Name Panthera Karikatur eines Titels ist, der gar nicht gebraucht wurde? *Drittens* wäre der Vorgang nur im griechischsprachigen Judentum denkbar, da »Jungfrau« eine Fehlübersetzung aus dem Hebräischen ist. *Viertens* war die Lehre von der Jungfrauengeburt Jesu in der frühen Zeit nicht weit verbreitet, am wenigsten in Galiläa. Wann und wo soll sie also entstanden und alsbald karikiert worden sein? (Vgl. zu den Einzelbegründungen Smith 1978: 46 f.) All dies spricht gegen die Herleitung des Namens Panthera aus *parthenos*.

Fazit: Für sich kann der jüdische Vorwurf der illegitimen Geburt

Jesu nicht in das 1. Jh. datiert werden. In Verbindung mit Mk 6 gesehen, dürfte er jedoch die tatsächlich illegitime Geburt Jesu bekräftigen. Möglicherweise wird dann deutlich, *warum* die Christen die Vorstellung der Geistzeugung Jesu und der Jungfrauengeburt überhaupt ausgebildet haben. Sie war die Reaktion auf die verleumderisch gemeinte, aber historisch richtige Nachricht, daß Jesus außerhalb einer Ehe gezeugt bzw. geboren wurde. Natürlich waren auch andere Aspekte bei der Ausbildung der Lehre von der Geistzeugung und Jungfrauengeburt im Spiele (vgl. unten S. 76–79). Doch scheint diese ein plausibles Mittel gewesen zu sein, um das historische Faktum der illegitimen Geburt Jesu unverzüglich seiner Häßlichkeit zu entkleiden.

Matthäusevangelium

Mt 1,1–17:
Der Stammbaum Jesu

»(1) *Urkunde vom Ursprung Jesu Christi, des Sohnes Davids, des Sohnes Abrahams.*

(2) ¹Abraham zeugte Isaak.

²Isaak zeugte Jakob.

³Jakob zeugte Juda *und seine Brüder.*

(3) ⁴Juda zeugte Perez und Serach *mit der Thamar.*

⁵Perez zeugte Hezron.

⁶Hezron zeugte Ram.

(4) ⁷Ram zeugte Amminadab.

⁸Amminadab zeugte Nachschon.

⁹Nachschon zeugte Salmon.

(5) ¹⁰Salmon zeugte Boas *mit der Rahab.*

¹¹Boas zeugte Obed *mit der Ruth.*

¹²Obed zeugte Isai.

(6) ¹³Isai zeugte den König David.

¹/¹⁴David zeugte Salomo *mit der (Frau) des Uria.*

(7) ²Salomo zeugte Rehabeam.

³Rehabeam zeugte Abija.

⁴Abija zeugte Asa.

(8) ⁵Asa zeugte Joschafat.

⁶Joschafat zeugte Joram.

⁷Joram zeugte Usija.

(9) ⁸Usija zeugte Jotam.

⁹Jotam zeugte Ahas.

	¹⁰Ahas zeugte Hiskia.

(10)   ¹⁰Ahas zeugte Hiskia.
¹¹Hiskia zeugte Manasse.
¹²Manasse zeugte Amon.
¹³Amon zeugte Josia.

(11)   ¹⁴Josia zeugte Jojachin *und seine Brüder um die Zeit der babylonischen Gefangenschaft.*

(12)   *Nach der babylonischen Gefangenschaft:*
¹Jojachin zeugte Schealtiel.
²Schealtiel zeugte Serubbabel.

(13)   ³Serubbabel zeugte Abihud.
⁴Abihud zeugte Eljakim.
⁵Eljakim zeugte Asor.

(14)   ⁶Asor zeugte Zadok.
⁷Zadok zeugte Achim.
⁸Achim zeugte Eliud.

(15)   ⁹Eliud zeugte Eleasar.
¹⁰Eleasar zeugte Mattan.
¹¹Mattan zeugte Jakob.

(16)   ¹²Jakob zeugte ¹³Joseph, *den Mann der Maria, aus der gezeugt wurde* Jesus, *der da heißt* ¹⁴Christus.

(17) *Alle Glieder nun von Abraham bis zu David sind vierzehn Glieder. Von David bis zur babylonischen Gefangenschaft sind vierzehn Glieder. Von der babylonischen Gefangenschaft bis zu Christus sind vierzehn Glieder.*«

Redaktion

V. 1: Der Einleitungssatz verweist mit »Ursprung« auf 1,18 voraus. Anfänge und Abschlüsse der Werke antiker Autoren haben für diese eine wichtige Bedeutung und sind für uns oft der Schlüssel zum Verständnis. V. 1 bezieht sich auf den Stammbaum 1,2–16 bzw. auf die einleitenden Kapitel des Evangeliums. In der Gestaltung des Anfangs seines Evangeliums ist Matthäus von Mk 1,1 beeinflußt und entfaltet Jesu Abstammung und zugleich seine Zukunft.

V. 2–16a: Der Stammbaum besteht aus einer Reihe eintöniger, kurzer Hauptsätze. In sie sind redaktionelle Zusatzbemerkungen eingefügt: Frauen (V. 3.5ab.6b, vgl. V. 16), Brüder (V. 2c.11), David als König (V. 6a) und zweimal das Exil (V. 11 f).

V. 16b: Jesus Christus ist das Ziel des Stammbaums. Der Ausdruck »Jesus, der da Christus heißt« erscheint in der Leidensgeschichte wörtlich im Mund des Pilatus (Mt 27,17), der Jesus trotz erbitterter jüdischer Opposition freigeben will, weil er von seiner Unschuld überzeugt ist. Indem Matthäus das Schema des Stammbaums durchbricht, das lakonisch einen Erzeuger nach dem anderen aufführt, und unter Gebrauch desselben Verbs im Passiv das Gezeugtwerden Jesu aus Maria aussagt, schließt er Joseph als dessen Vater aus. Damit bereitet er die Leserschaft auf die folgende Erzählung der Zeugung Jesu aus dem Geist Gottes sowie seiner Geburt aus der Jungfrau Maria vor. Zugleich läßt der Text erkennen, daß dem Evangelisten der auf Jesus liegende Verdacht der Illegitimität bekannt ist (vgl. Schaberg 1987: 35f). Manche Textzeugen haben in V. 16b trotzdem Joseph direkt als Vater eingeführt. Doch beruht die oben gegebene Übersetzung zweifellos auf dem ursprünglichen Text des Matthäus.

V. 17 entschlüsselt die redaktionelle Gliederung: Der Stammbaum bestehe aus dreimal vierzehn Generationen. Falls der Stammbaum nur bis Joseph reicht, sind, damit dieses Schema stimmt, David und das babylonische Exil doppelt zu zählen. Da aber in V. 17 ausdrücklich Christus genannt wird, ist *er* wahrscheinlich das vierzehnte Glied der Reihe; das babylonische Exil zählt dann nur einmal.

Die Einteilung in dreimal vierzehn dürfte auf Matthäus zurückgehen. Die Sieben (14 = 2 x 7) ist eine symbolische Zahl, die sich oft im MtEv findet:

7 Dämonen	Mt 12,45
7 Brote	Mt 15,34
7 Körbe	Mt 15,37
7x Vergeben	Mt 18,21f
7 Brüder	Mt 22,25
7 Weherufe	Mt 23

Von den hier genannten Stellen finden sich Mt 12,45 und Mt 23 allein beim ersten Evangelisten. Mt 15,34.37 und 22,25 sind aus der Markus-Vorlage übernommen, während Mt 18,21f auf die Spruchquelle Q zurückgeht.

Jesus als Davids- und Abrahamssohn

Der Evangelist gibt dem überkommenen Stammbaum verschiedene Zielrichtungen. Zwei davon finden sich allein in der Überschrift V. 1, die Jesus sowohl Davidssohn als auch Abrahamssohn nennt.

Als *Davidssohn* ist Jesus König Israels. Darum dürfte der Vf. in V. 6 David als König hervorgehoben haben. Bereits im nächsten Kapitel (2,1–12) ist Jesus der Gegenspieler des Königs Herodes, und in 21,1–11 zieht er dann als der andere, sanfte König (vgl. 21,5 nach Jerusalem ein.

Die *Abrahamssohnschaft* Jesu bezieht sich auf das geheime Thema der matthäischen Vorgeschichte, den Einschluß der Heiden in ein erweitertes, neues Israel. (Abraham ist im Judentum Sinnbild des Proselyten, denn in ihm sollen alle Geschlechter der Erde Segen erfahren; vgl. Gen 12,3.) Dieser Aspekt kommt auch in den Frauen des Stammbaums zum Ausdruck, die allesamt heidnischen Ursprungs sind. Dies und ihr Verhältnis zur fünften Frau, Maria, bedürfen der Klärung.

Die vier Frauen im Stammbaum

a) Alle Frauen sind Nichtjüdinnen (vgl. dazu grundlegend Stegemann 1971). *Thamars* Herkunft wird im Alten Testament zwar nirgends ausdrücklich erwähnt. Doch bezeichnet die jüdische Überlieferung sie allgemein als Tochter Arams (vgl. Jub 41,1), d. h. sie gilt als Aramäerin (vgl. Johnson 1988: 154). Das Buch Ruth parallelisiert sie in Kap. 4,12 mit Ruth (deren Haus soll werden »wie das Haus des Perez, den Thamar dem Juda gebar«) und legt damit ihre nichtisraelitische Herkunft nahe. *Ruth* ist nämlich Moabiterin. *Rahab* wohnte in der kanaanäischen Stadt Jericho (Jos 2,1). *Bathseba* wird nicht namentlich genannt, sondern lediglich als Frau des Uria eingeführt. Der aber war Hethiter (vgl. 2Sam 11,3). Sie selbst war als Tochter Eliams (ebd.), dessen Name nur israelitisch belegt ist, zwar jüdischer Herkunft; doch wurde sie durch die Ehe mit dem Hethiter Uria zumindest für Matthäus zu einer »Heidin«. Denn wenn im antiken Judentum eine Frau einen Mann von anderer Herkunft heiratete, nahm sie dessen Religion an (vgl. Stegemann 1971: 261). Ebenso ist es ja auch heute noch im Orient üblich.

Dieser Befund ist kaum so zu deuten, daß nach der Meinung des Matthäus nun auch die fünfte Frau des Stammbaums, Maria, eine Nichtjüdin war. Das scheitert bereits an dem rein jüdischen Namen Maria (= hebräisch Mirjam). Vielmehr scheinen die vier nichtjüdischen Frauen im Stammbaum ein versteckter Hinweis zu sein: Der Messias Israels ist zugleich der, der auch den Heiden das Heil bringt. Dies wird dann ausdrücklich am Ende des MtEv betont, wo die Jünger den Auftrag erhalten, alle Völker zu Jüngern zu machen (Mt 28,19 f). Durch Christus, den Sohn Abrahams, erhalten sie ihrerseits im neuen Bund Anteil an der wahren Abrahamskindschaft. Die gleich anschließende Geschichte von der Anbetung der Magier (Mt 2) schärft ebenfalls den Gedanken der Zuwendung Jesu zu den Heiden ein (s. unten S. 84).

b) Welches Verhältnis aber besteht zwischen den vier Frauen des

Stammbaums und der fünften Frau, wenn die Gemeinsamkeit nicht darin liegt, daß alle Nichtjüdinnen sind? Diese Frage stellt sich um so dringender, als Maria in irgendeiner Beziehung zu den vier anderen Frauen des Stammbaums stehen dürfte. (Hierin liegt das Recht der beliebten Betrachtung der vier Ahnfrauen des Messias Jesus als Typen der Maria.) Sonst wäre der Zufall doch zu groß, daß gegen den Usus Frauen in einen Stammbaum eingeschoben wurden *und* am Ende des Stammbaums statt eines Mannes wiederum eine Frau steht.

Das Gemeinsame der vier Frauen des Stammbaums besteht in zweierlei:

Erstens: Ihr Handeln könnte für jüdisches Empfinden anstößig sein: *Thamars* Kinder wurden in Blutschande geboren (Gen 38); *Rahab* war eine Hure (Jos 2,1); *Ruth* bekam ihren zweiten Ehemann nur durch sexuelle Aufreizung (Ruth 3,4.7–9.12–13); und *Bathsebas* Beziehung zu David begann mit einem Ehebruch (2Sam 11). Die Tatsache, daß Matthäus nicht von Bathseba, sondern von »der (Frau) des Uria« spricht, bringt wohl zum Ausdruck, daß er nicht an Davids spätere Ehefrau, sondern an den Akt des Ehebruchs denkt (vgl. Schaberg 1987: 22).

Zweitens: Alle vier sind im Sinne des Textes Heldinnen und durch ihre männlichen Partner Juda, Salmon, Boas und David Ahnfrauen des Messias geworden.

Joseph, der Mann der fünften Frau, Maria, unterliegt anfangs dem gleichen Mißverständnis, das sich auch bei den unbefangenen Lesern der Erzählungen über die anderen vier Frauen hätte einstellen können. Durch die Offenbarung eines Engels wird er jedoch zum richtigen Verständnis geführt.

Diese Interpretation des Textes läßt sich gut dem Befund zuordnen, daß Juden von der illegitimen Geburt Jesu durch Maria erzählt haben. Matthäus klärt diesen Makel der Maria unter Rückgriff auf die genannten vier Frauen des Stammbaumes, an denen auch nur *scheinbar* ein Makel haftete.

Tradition

Der Stammbaum, der wahrscheinlich auf Tradition zurückgeht – andernfalls hätte ihn Matthäus selbst zusammengestellt – gehört zum Typ der sog. geradlinigen Stammbäume (ohne Verzweigungen), welche in der Antike sehr oft Legitimationsfunktion hatten (Beispiele für verzweigte Stammbäume finden sich z.B. in 1Chr 1,1–5,17; 7; 8). Er zielt auf Joseph als Vater Jesu und will sagen:

Jesus stammt vom Erzvater Abraham über die Königsdynastie Israels ab. Er ist nicht nur wahrer Jude, sondern Davidide.

Als Beispiel für einen weiteren Stammbaum Jesu sei verwiesen auf Lk 3,23–38 (s. unten S. 114f).

Historisches

Zur Klärung der Frage nach der Historizität des Stammbaumes vgl. die Bemerkungen zu Lk 3,23–38 (s. unten S. 116).

Mt 1,18–25:
Die Ankündigung der Geburt Jesu

»(18) *Mit dem Ursprung Jesu Christi verhielt es sich aber folgendermaßen* [und nicht anders]:

Als seine Mutter Maria mit Joseph verlobt war, bevor sie zusammengekommen waren, fand sich, daß sie schwanger war aus heiligem Geist [und nicht von einem anderen Mann]. (19) Joseph aber, ihr Mann, der gerecht war und sie nicht bloßstellen wollte, gedachte sie heimlich zu entlassen.

(20) Nachdem er dies aber erwogen hatte, siehe, da erschien ihm im Traum ein Engel des Herrn und sprach: Joseph, Sohn Davids, fürchte dich nicht, Mariam, deine Frau, zu dir zu nehmen; denn das in ihr Gezeugte ist aus heiligem Geist. (21) Sie wird aber einen Sohn gebären, und du sollst ihm den Namen Jesus geben, denn er wird sein Volk von ihren Sünden retten.

(22) *Dies alles aber geschah, damit erfüllt werde, was vom Herrn durch den Propheten gesagt wurde, der spricht:* (23) ›Siehe, die Jungfrau wird schwanger sein und einen Sohn gebären, und sie werden ihm den Namen Immanuel geben‹, *was übersetzt heißt: Mit uns ist Gott.*

(24) Joseph aber, aus dem Schlaf erwacht, tat, wie der Engel des Herrn ihm befohlen hatte, und nahm seine Frau zu sich. (25) *Und er erkannte sie nicht (= schlief nicht mit ihr), bis sie einen Sohn geboren hatte, und er gab ihm den Namen Jesus.*«

Redaktion

V. 18a: Der Titelsatz (»Ursprung«) bezieht sich auf V. 1 und V. 16 zurück und stammt vom Endverfasser. Er begann sein Werk mit V. 1: »Urkunde vom *Ursprung* Jesu Christi, des Sohnes Davids, des Sohnes Abrahams.« Nach der Zeichnung des Stammbaums von Abraham bis Joseph (V. 2–16a) leitet er in V. 16b zur nun folgenden Geburtsgeschichte über. Dies geht nur holprig, weil die Geschichte Mt 1,18–25 den heiligen Geist als Zeuger Jesu erweisen wird, während der Stammbaum Joseph als Zeuger erwarten ließ. Matthäus löst diese Schwierigkeit durch die Feststellung, Jesus sei aus Maria (und nicht durch Joseph) gezeugt worden (s. oben S. 67f). Trotzdem nimmt Joseph die schwangere Braut in sein Haus und legitimiert ihren Sohn, indem er selber ihm den Namen gibt (Mt 1,20f.24f). So ist Jesus in den Familienverband der Davididen hinein adoptiert worden (genauso wie beispielsweise sein römischer Zeitgenosse Oktavian, der spätere Kaiser Augustus, von Cäsar durch Adoption in die Gens Julia aufgenommen wurde). Ein Widerspruch zwischen Stammbaum und Geburtsgeschichte besteht so nicht mehr.

V. 18b: Die Bemerkung, Maria sei schwanger »aus heiligem Geist«, nimmt die Belehrung, die Joseph erst durch den Engel zuteil wird (V. 20), vorweg und löst die erzählerische Spannung eigentlich zu früh auf. Der Vorausverweis auf die Zeugung durch den heiligen Geist setzt bei der Leserschaft Informationen voraus. Er soll vorweg unter Verstärkung von V. 18a *noch einmal* den jüdischen Anwurf zurückweisen, Jesus sei vorehelich gezeugt worden. Damit weiß der Leser also schon, was Joseph erst in V. 20 erfährt: Jesus ist durch den heiligen Geist gezeugt worden.

Es fällt auf, daß die Empfängnis Jesu gar nicht direkt erzählt wird, sondern nur ihre Folgen. Auch dies ist ein weiterer Anhaltspunkt für den Verdacht: Matthäus beantwortet Angriffe, die auf die fragwürdige Herkunft Jesu als eines vorehelichen (und / oder in Hurerei erzeugten) Kindes anspielen.

Mit *V. 19* tritt Joseph, der mit Maria Verlobte und damit rechtlich Verheiratete, in den Mittelpunkt des Geschehens. Die Zeit zwischen Verlobung und Hochzeit, während der das Brautpaar noch keinen Geschlechtsverkehr haben sollte, betrug damals in der Regel sechs bis zwölf Monate. So lange wohnte die zwischen 12 und 14 Jahre junge Braut noch im Haus ihrer Eltern, galt aber bereits als Ehefrau des Mannes und konnte daher theoretisch auch Witwe werden (vgl. Billerbeck II, S. 393f). Joseph muß Maria wegen ihrer Schwangerschaft des Ehebruchs verdächtigen und will sie deshalb entlassen, d.h. sich von ihr scheiden lassen.

Im Zusammenhang mit Ehebruch gab es darüber hinaus – zumindest theoretisch – zwei weitere Möglichkeiten des Vorgehens:
• Ein Fluchwasser-Ritual als Gottesurteil bei *Verdacht auf Ehebruch* (Num 5,11–31): Der des Ehebruchs verdächtigen Frau wird vom Priester »heiliges Wasser« verabreicht, das mit etwas Erde vom Boden des Heiligtums vermischt ist. Zusätzlich spricht die Frau einen Selbstverfluchungsschwur. Ist der Verdacht richtig, wird diese Selbstverfluchung wirksam, und das Wasser ruft Entstellungen des Unterleibs hervor, welche die Schuld beweisen. Diese ar-

chaisch anmutenden Bestimmungen, in die wahrscheinlich mehrere, ursprünglich jeweils als selbsttätig gedachte, Vorgehensweisen eingeflossen sind (vgl. Noth 1966: 46), mögen auf alte Praxis zurückgehen. Ob sie im 1. Jh. angewendet wurden, ist dagegen sehr fraglich.

• Die Steinigung der Beteiligten bei *erwiesenem Ehebruch* (Dtn 22,23 f): »(23) Wenn ein jungfräuliches Mädchen verlobt ist und ein Mann trifft sie innerhalb der Stadt und wohnt ihr bei, (24) so sollt ihr sie alle beide zum Stadttor hinausführen und sollt sie beide steinigen, daß sie sterben, das Mädchen, weil es nicht geschrien hat, obwohl es doch in der Stadt war, den Mann, weil er seines Nächsten Braut geschändet hat; so sollst du das Böse aus deiner Mitte wegtun.« Vorausgesetzt ist hier, daß das Mädchen mitschuldig ist, weil es nicht an den Rechtsschutz der Gemeinde appelliert hat.

Eine eigentliche *Vergewaltigung* ist daher nur außerhalb der Stadt möglich (Dtn 22,25–27):

»(25) Wenn aber jemand ein verlobtes Mädchen auf freiem Felde trifft und ergreift sie und wohnt ihr bei, so soll der Mann allein sterben, der ihr beigewohnt hat, (26) aber dem Mädchen sollt ihr nichts tun, denn sie hat keine Sünde getan, die des Todes wert ist; sondern dies ist so, wie wenn jemand sich gegen seinen Nächsten erhöbe und ihn totschlüge. (27) Denn er fand sie auf freiem Felde, und das verlobte Mädchen schrie, und niemand war da, der ihr half.«

Wie sich der Ehemann der vergewaltigten Verlobten oder Ehefrau dieser gegenüber verhalten sollte, wird nicht ausdrücklich gesagt.

Im Falle der Vergewaltigung einer Unverlobten wird der Mann lediglich gezwungen, das Mädchen nach Zahlung des üblichen Brautgeldes zur Frau zu nehmen (Dtn 22,28 f).

Die drei folgenden Texte illustrieren, welcher Verachtung Frauen damals ausgesetzt waren, die eine vor- oder außereheliche Beziehung hatten, und welche Schande auch auf das dabei gegebenenfalls gezeugte Kind fiel:

Sir 23,33–36: »(33) Erstens ist sie (sc. eine Frau, die ihren Mann betrügt) dem Gebot des Höchsten ungehorsam; zum anderen versündigt sie sich an ihrem Mann; zum dritten bekommt sie durch ihren Ehebruch Kinder von einem anderen. (34) Eine solche Frau wird man der Gemeinde vorführen, und ihre Kinder müssen es büßen. (35) Ihre Kinder werden nicht Wurzel schlagen, und ihre Zweige werden nicht Frucht bringen. (36) Wenn man sich an sie erinnert, flucht man ihr, und ihre Schande wird niemals ausgetilgt.«

Sap 3,16–19: »(16) Aber die Kinder der Ehebrecher geraten nicht, und die Nachkommen aus gesetzwidriger Ehe werden vertilgt. (17) Denn wenn sie

73

auch lange leben, werden sie doch nichts gelten, und ihr Alter wird zuletzt doch ohne Ehre sein. (18) Sterben sie aber bald, so haben sie nichts zu hoffen und keinen Trost am Tage des Gerichts. (19) Denn die Ungerechten nehmen ein schlimmes Ende.«

Sap 4,3–6: »(3) Aber die kinderreiche Menge der Gottlosen ist nichts nütze, und weil sie aus unechten Schößlingen hervorgegangen ist, kann sie nicht tief wurzeln und keinen festen Grund gewinnen. (4) Und wenn sie auch eine Zeitlang an den Zweigen grünt, so wird sie doch, weil sie auf lockerem Grund steht, vom Wind geschüttelt und vom Sturm entwurzelt. (5) Die zu schwach gebliebenen Äste werden zerbrochen, und so wird ihre Frucht unbrauchbar, zu unreif zum Essen, und taugt zu nichts. (6) Denn die Kinder, die in gesetzwidriger Ehe geboren werden, sind Zeugen für die Schlechtigkeit ihrer Eltern im Gericht.«

Zurück zum Matthäus-Text: Joseph wählte eine milde Art der Trennung. Matthäus beschreibt Joseph als »gerecht«. Dies weist auf seine Freundlichkeit (vgl. Mt 25,37; 10,41; 13,43) und begründet seine Absicht, seine Frau nicht bloßzustellen. Zugleich schwingt im Gerecht-Sein das Tun des Willens Gottes mit, das beispielsweise keinesfalls die Aufnahme von illegitim gezeugten Kindern in die Familie zuließ.

V. 20: Wie schon V. 18a andeutete, geht es Matthäus darum, die Einpflanzung des Jungfrauensohns in den Stamm Davids zu erläutern. Die Anrede Josephs als Davidssohn nimmt die Überschrift 1,1 auf, wo Jesus als Sohn Davids bezeichnet wird. Nur an dieser Stelle des Neuen Testaments wird ein anderer als Jesus Davidssohn genannt – ein Anhaltspunkt dafür, wie wichtig die Gestalt des Joseph für Matthäus ist.

V. 21: Die Erklärung des Jesusnamens deutet die zukünftige Aufgabe des Messias an: »Er wird sein Volk von ihren Sünden erretten.« In der Gemeinde des Matthäus vollzieht sich die Sündenvergebung (vgl. 26,28). Mt 2,6 spezifiziert den Begriff »Volk« als »mein Volk Israel«. Doch ist »Volk« im MtEv überwiegend negativ besetzt (vgl. 13,15; 15,8; 27,25) oder zeigt ein distanziertes Verhältnis zu Jesus an, z. B. in der Formel von den Hohenpriestern und Ältesten des Volkes: 26,47; 27,1; vgl. 21,23; 2,4. Matthäus denkt also in Mt 1,21 an das *neue* Gottesvolk.

V. 22f, das Erfüllungszitat, dem zufolge das neugeborene Kind »Immanuel« genannt werden soll, deutet »dies alles« als Erfüllung prophetischer Weissagung, ja, als Wort, das der Herr selbst durch den Propheten (Jesaja 7,14) gesagt hat. Die Übersetzung von Immamanuel als »Gott mit uns« weist auf die Zusage des Auferstandenen, daß er mit der Gemeinde sei (28,20). »Die Gegenwart des erhöhten Herrn bei seiner Gemeinde erweist ihn als Immanuel, Gott mit uns« (Luz 1992: 105).

V. 24 f erzählt die Ausführung des in V. 20 Aufgetragenen: Joseph nimmt seine Frau zu sich. Er entläßt sie also nicht, wie er es nach V. 19 zunächst geplant hatte.

V. 25: Daß Joseph mit Maria bis zur Geburt des Kindes keinen Geschlechtsverkehr hat, stellt klar: Hier war wirklich kein Mann im Spiele. Dieser Vers hat noch nicht die spätere kirchliche Sicht im Blick, auch nach der Geburt Jesu habe Joseph mit Maria nicht geschlafen (immerwährende Jungfräulichkeit der Maria).

Fazit: Eine wichtige Aussageabsicht der Geschichte ist *theologischer* Art: Jesus ist der Immanuel. Matthäus weist damit von allem Anfang an auf die Lebenswirklichkeit der Gemeinde, mit der Jesus alle Tage bis ans Ende der Welt ist (28,20). Geht es in 28,16–20 darum, daß der Auferstandene kein anderer ist als der Irdische und daß Christsein heißt, die Gebote des irdischen Jesus zu halten, so machen 1,18–25 klar: Der Irdische ist kein anderer als der Erhöhte, der mit seiner Gemeinde ist. Zugleich enthält das MtEv – und das ist bei diesem Evangelium des Gesetzes und der Gebote relevant – zu Beginn einen deutlichen Hinweis auf die durch Jesus Christus geschehene Gnade.

Weiter hat die Erzählung einen *ethischen* Aspekt, der die Gestalt des gerechten Joseph und seinen Gehorsam betrifft.

Sie ist ferner als Geschichte wichtig, weil sich in ihr eine alttestamentliche Weissagung erfüllt. Insofern und nur insofern ist auch die Jungfrauengeburt bedeutsam, die hier gerade nicht als Reinheit von unsauberer Sexualität angesehen wird. Sie erläutert weiter die in 1,16 offengebliebene Einpflanzung Jesu in das Geschlecht Davids. Jesus ist Davidide – so könnte man überspitzt sagen – *trotz* der der Gemeinde bekannten jungfräulichen Geburt.

Diese Episode ist aber auch in der Kontroverse beheimatet und wurde von Matthäus erzählt, um feindliche jüdische Gerüchte über die zwielichtigen Umstände der Geburt Jesu abzuwehren, d. h. über den wahren Sachverhalt aufzuklären:

»Jeder wird finden, daß die Jungfrauengeburt in 1,18–25 so merkwürdig wie nur denkbar berichtet wird. Es wird nichts erzählt, als daß Joseph Maria vor Beginn des Zusammenlebens schwanger fand und durch einen Engel veranlaßt wurde, Maria als vom heiligen Geist Schwangere dennoch als Weib anzunehmen. Berichtet man so eine große göttliche Wundertat?« (Hirsch 1941: 325).

Ein genauer Umriß oder gar eine Form der Tradition ist kaum zu rekonstruieren, da Matthäus die Geschichte umfassend bearbeitet hat. Doch lassen sich folgende Traditionselemente identifizieren:
a) die Schwangerschaft der Maria ohne Zutun des Joseph,
b) die Zeugung Jesu durch den heiligen Geist und – damit verbunden –
c) die Geburt Jesu aus der Jungfrau Maria.

Gottessohnschaft – Geistzeugung – Jungfrauengeburt

Wie kam es dazu, daß Christen sich den Ursprung Jesu in dieser Weise vorstellten? Oben S. 66 wurde deutlich, daß die Aussage, Jesus sei vom heiligen Geist gezeugt und von einer Jungfrau geboren worden, sich ihnen geradezu anbot, um auf die jüdische Kritik an Jesu illegitimer Geburt zu reagieren. Doch konnten sie dabei auf Vorstellungen zurückgreifen, die in ihrer religiösen Umwelt schon lange zuvor ausgebildet worden waren.

Begünstigt wurde die Übertragung dieser Vorstellungen auf Jesus insbesondere durch das Bekenntnis, Jesus sei der *Sohn Gottes*. Als solcher wurde Jesus bereits in der Urgemeinde bezeichnet: Gemäß der Röm 1,3f zugrunde liegenden judenchristlichen Tradition erfolgte seine Einsetzung zum Gottessohn durch die Auferstehung (s. oben S. 54). In diesem Sinn wird die Gottessohnschaft Jesu auch in einer alten Formel verstanden, die Lukas in Apg 13,32f wiedergibt: »Und wir verkündigen euch die Verheißung, die an die Väter ergangen ist, daß Gott sie uns, ihren Kindern, erfüllt hat, indem er Jesus auferweckte; wie denn im zweiten Psalm geschrieben steht: ›Du bist mein lieber Sohn, heute habe ich dich gezeugt‹ (Ps 2,7).« Im MkEv ist dagegen eine Überlieferung enthalten, die die Gottessohnschaft Jesu gewissermaßen vorverlegt: Jesus wird hier bereits im Zusammenhang mit der Taufe zum Sohn Gottes (Mk 1,11).

Eben diese Bezeichnung »Gottessohn« war nun aber auch in der hellenistischen Welt geläufig – freilich mit einem ganz anderen Bedeutungsinhalt. Was darunter verstanden wurde, wenn z. B. Herakles, Pythagoras, Platon, Pharaonen, Alexander der Große, Scipio Africanus maior und Kaiser Augustus als Gottessöhne bezeichnet wurden (vgl. die Belege bei Braun 1971: 256), zeigt sich an der damit hauptsächlich verbundenen Vorstellung: Der Gottessohn ist durch einen Gott *gezeugt*.

Zwar wurde die Zeugung meist in einem massiv-gegenständlichen Sinn verstanden; es gibt aber auch Belege für eine Deutung der

Zeugung in einem sublimeren, vergeistigten Sinn. So schreibt Plutarch (ca. 50–120 n. Chr.):

»(3) Auch ist es wohl sinnvoll (anzunehmen), daß die Gottheit nicht Pferde oder Vögel, sondern Menschen liebt, mit besonders Guten zusammensein will und die Freundschaft eines tugendhaften und frommen Mannes nicht verachtet und verschmäht. Aber daß ein Gott und höherer Geist auch mit menschlichem Körper und seiner Jugendblüte Gemeinschaft und ein Wohlgefallen daran haben könne, dies ist schon schwer zu glauben. (4) Und doch scheinen die Ägypter nicht unklug zu unterscheiden, es sei nicht unmöglich, daß sich einer Frau ein göttlicher Geist nähere und ein paar Anfänge des Werdens hineinlege, bei einem Mann aber sei die Vereinigung und Vermischung mit einem göttlichen Wesen undenkbar...« (Numa 4,3f).

Ebensowenig wie die Geistzeugung ist die Geburt aus der Jungfrau eine genuin christliche Vorstellung. In Ägypten sind in christlicher Zeit zwei Feste bezeugt, welche die Geburt eines Götterkindes durch eine Jungfrau verherrlichen: a) Ein Fest des Aion, das in der Nacht vom 5. zum 6. Januar in Alexandria gefeiert wurde, hatte seinen Höhepunkt in dem Umzug eines Götterbildes. Auf die Frage nach dem Sinn der Feier antworten die Wissenden: »Zu dieser Stunde, heute, hat die Kore, das ist die Jungfrau, den Aion geboren« (Epiphanius, Haer 51,22,10). b) Am 25. Dezember beging man ein Fest zur Wintersonnenwende, bei dem die Feiernden riefen: »Die Jungfrau hat geboren, es nimmt zu das Licht!« (vgl. Norden 1969: 24–33).

Daß auch dem hellenistischen Judentum derartige Vorstellungen nicht fremd waren, belegt Philo von Alexandrien (ca. 15 v. Chr.–45/50 n. Chr.), indem er in seiner allegorischen Auslegung der Ehen Abrahams, Jakobs, Isaaks und Moses die Frauen Sara, Lea, Rebekka und Zippora als Tugenden deutet:

»(43) Der Unterricht in der Geheimlehre muß nun also beginnen. Der Mann kommt mit der Frau, der männliche Mensch mit dem weiblichen, zusammen und pflegt, indem er der Natur folgt, Verkehr zur Erzeugung von Kindern. Die Tugenden, die viele vollkommene Dinge hervorbringen, dürfen nicht einem sterblichen Manne anheimfallen; wenn sie aber nicht von einem andern den Samen empfangen haben, werden sie von selbst niemals schwanger werden. (44) Wer anders ist es nun, der in ihnen das Gute sät, als der Vater aller Dinge, der ungeschaffene und alles erschaffende Gott? Gott also gibt den Samen, die eigenartige Frucht aber, die er mit dem Samen hervorbringt, ist ein Geschenk; denn Gott erzeugt nichts für sich, da er vollkommen bedürfnislos ist, sondern alles für den, der es zu empfangen nötig hat.

(45) Für das Gesagte kann ich als vollwertigen Zeugen den hochheiligen Moses anführen: er läßt nämlich die Sara dann schwanger werden, als Gott in ihrer Vereinsamung auf sie schaut; gebären aber läßt er sie nicht dem, der auf sie geschaut hat, sondern dem, der Weisheit zu erlangen eifrig bestrebt ist, dessen Name Abraham ist.

(46) Noch deutlicher lehrt er es uns bei der Lea, indem er sagt, daß Gott ihren Mutterschoß öffnete (Gen 29,31) – den Mutterschoß zu öffnen, ist doch aber Sache des Mannes –; sie aber empfing und gebar, nicht der Gottheit – denn diese ist sich allein genug und vollkommen ausreichend –, sondern dem die mühevolle Sorge um das Gute auf sich nehmenden Jakob. Also empfängt die Tugend zwar von dem (göttlichen) Urheber den göttlichen Samen, sie gebiert aber einem ihrer Liebhaber, der vor allen Freiern von ihr vorgezogen wird.

(47) Ebenso wird, nachdem der allweise Isaak Gott angefleht hatte, Rebekka, die beharrende Tugend, von dem Angeflehten schwanger (Gen 25,21). Ohne Flehen und Bitten nimmt Moses die geflügelte und hochstrebende Tugend, Zippora, und findet sie schwanger, keinesfalls von einem Sterblichen (Ex 2,22)…

(49) …Er aber (sc. der Prophet Jeremia)… verkündet einen Spruch im Namen Gottes, der sich an die ganz friedliche Tugend wendet mit den Worten: ›Hast du mich nicht Haus genannt und Vater und Mann deiner Jungfräulichkeit?‹ (Jer 3,4). Ganz deutlich lehrt er uns hiermit, daß Gott sowohl ein Haus ist, nämlich die unkörperliche Stätte unkörperlicher Ideen, als auch Vater aller Dinge, der sie ja geschaffen hat, und endlich Mann der Weisheit, der den Samen der Glückseligkeit für das sterbliche Geschlecht in die gute und jungfräuliche Erde versenkt. (50) Denn mit der unbefleckten, unberührten, reinen Natur, dieser wahrhaften Jungfrau, zu verkehren ziemt allein Gott, und zwar ganz anders als uns; denn bei den Menschen macht die Vereinigung zum Zwecke der Kinderzeugung die Jungfrau zum Weibe; wenn aber Gott mit der Seele zu verkehren begonnen hat, erklärt er die, die zuvor schon Weib war, wieder zur Jungfrau, da er die unedlen und unmännlichen Begierden, durch die sie ein Weib wurde, aus ihr wegschafft und dafür die edlen und unbefleckten Tugenden in sie einführt. So verkehrt er mit Sara nicht eher, als bis sie alle Eigenschaften des Weibes verloren hat (Gen 18,11) und wieder zum Rang einer reinen Jungfrau zurückgekehrt ist« (Über die Cherubim 43–50; Übersetzung nach Cohn 1919: 183–185).

Fazit: Die Vorstellung, daß Jesus vom heiligen Geist gezeugt und von einer Jungfrau geboren worden sei, geht auf die Umdeutung zurück, die der Titel »Gottessohn« in dem Moment erfuhr, ja, erfahren mußte, als das hellenistische Judenchristentum den Gottessohn Jesus in einer hellenistischen Umwelt heimisch machte. Die Gottessohnschaft war aufgrund derselben Terminologie eine ideale Verständigungshilfe zwischen Judenchristen und Hellenisten – obwohl jeweils etwas ganz Verschiedenes damit gemeint war. Während man andere Titel, die die Bedeutsamkeit Jesu aussagten, nicht mehr verstand und entweder fortließ (»Menschensohn« findet sich in den paulinischen Gemeinden nicht mehr) oder umbildete (der Titel »Messias« wird in der griechischen Form »Christus« zum Eigennamen), bekam die Bezeichnung »Sohn Gottes« einen völlig neuen Inhalt: »Sohn Gottes« wird nun nicht mehr als Titel Jesu, sondern als eine Aussage über seine naturhafte Beschaffenheit verstanden, d.h. in einem physischen Sinn ausgelegt. Von der Legende wurde er dann mit einer Jungfrau in Verbindung gebracht, die allein als Gottes würdig galt.

Im Prozeß der Neuinterpretation der Gottessohnschaft dürfte es eine große Rolle gespielt haben, daß schon im Hellenismus die gegenüber einer massiv-gegenständlichen Vorstellung der göttlichen Zeugung mildere Annahme einer Zeugung durch den Geist entwickelt worden war. Dieser Mittelweg mußte für hellenistische Judenchristen besonders attraktiv sein. Denn der körperliche Umgang Gottes mit einer menschlichen Frau war für sie undenkbar. Die Annahme, es sei Gottes »Geist«, der Jesus gezeugt habe, bildete dagegen einen geeigneten Anknüpfungspunkt, um Jesus auf eine Stufe mit anderen großen Männern zu stellen, deren Zeugung ebenfalls auf Gott zurückgeführt wurde. Allerdings war das nur möglich, weil man die hebräische Sprache nicht mehr beherrschte, denn hier ist Geist (= *ruach*) feminin. Vgl. bereits den freilich ohnmächtigen Protest des häretischen Philippusevangeliums gegen die kirchliche Auslegung: »Einige sagten: ›Maria ist schwanger geworden vom heiligen Geist.‹ …Sie wissen nicht, was sie sagen! Wann ist jemals eine Frau von einer Frau schwanger geworden?« (EvPhil 17a).

Historisches

Die Zeugung Jesu aus dem heiligen Geist und seine Geburt aus der Jungfrau Maria sind unhistorisch:

a) Es gibt zahlreiche religionsgeschichtliche Parallelen, die ebenfalls von wunderbar gezeugten und geborenen Gottessöhnen handeln (vgl. Petersen 1909; Norden 1969).

b) Geistzeugung und Jungfrauengeburt Jesu sind im Neuen Testament nur selten und zudem in späten Traditionsschichten bezeugt.

c) Wollte man die Jungfrauengeburt für historisch halten, müßte man annehmen, Maria habe erst nach langem Schweigen von ihren intimen Erfahrungen berichtet. Dagegen spricht jedoch, was die älteste synoptische Überlieferung über die Familie Jesu zu berichten weiß (vgl. oben S. 55–57 zu Mk 3,21).

d) Die Historizität der Geburt Jesu aus einer Jungfrau scheidet aber auch aus naturwissenschaftlichen Gründen aus. Die hiergegen von feministischer Seite erhobenen Einsprüche (vgl. Wex 1992) laden eher zum Schmunzeln ein und sind innerhalb des Feminismus wohl nur eine Außenseitererscheinung.

Als historisches Faktum hinter Mt 1,18–25 schält sich hingegen ein feindliches Gerücht heraus, das von nichtchristlichen Juden über die illegitime Geburt Jesu verbreitet wurde. Das ist der eigentliche Kern der Geschichte des Matthäus. Dann aber ist auch klar, daß die Zeugung Jesu von einem Unbekannten als weiteres historisches Element betrachtet werden muß (vgl. Schaberg 1987: 41).

Vergewaltigung oder Verfehlung der Maria?

Wie kam die »Jungfrau« zum Kind Jesus, wenn Joseph nicht der Vater ist? Die jüdische Polemik spricht hier eine eindeutige Sprache, und sie scheint mit Abstrichen auch hier auf der richtigen Spur zu sein. Freilich dürfte ein sexuelles Vergehen der Maria, wie dort vorausgesetzt wird, ausscheiden, da in diesem Falle Joseph schwerlich seine Verlobte Maria zu sich genommen hätte. Zudem ist zu berücksichtigen, daß die jüdisch-patriarchale Struktur der Familie Marias und ihr vermutliches Alter zum Zeitpunkt der Eheschließung (zwischen 12 und 14 Jahren) ein sexuelles Abenteuer kaum wahrscheinlich machen. Daher drängt sich – so schockierend dies im ersten Augenblick auch sein mag – die Annahme einer Vergewaltigung der Maria als Erklärung dieses dunklen Fleckes in ihrer Geschichte und in der Geschichte ihres Sohnes Jesus geradezu auf. (Diese These wurde – mit zum Teil anderer Begründung – zuerst von Schaberg 1987 entwickelt.)

Man mag hiergegen allgemein einwenden, in diesem Falle sei Maria nicht mehr als jüdische Mutter einer großen Familie akzeptabel gewesen. Mk 6,3 und 1 Kor 9,5 setzen ja die Existenz von Geschwistern Jesu voraus. Doch sind sexuelle Makel einer Frau, zu denen auch die Vergewaltigung zählt, im damaligen Judentum nur bei einer Ehe mit einem Priester von Belang (Joseph war aber kein Priester). Die zukünftige Frau eines Priesters darf beispielsweise nicht in Kriegsgefangenschaft gewesen sein, weil hier die Möglichkeit einer Vergewaltigung nicht auszuschließen ist. Josephus schreibt in seinen Antiquitäten folgendes darüber:

»Den Priestern machte Moses doppelte Reinheit zur Pflicht. Denn er gab ihnen… auch auf, keine Frauen zu heiraten, die sich früher preisgegeben hatten. Ferner durften sie keine Sklavin oder Kriegsgefangene ehelichen oder solche Frauen, die von der Führung einer Gastwirtschaft oder eines öffentlichen Gasthauses gelebt hatten oder die von ihren früheren Ehemännern um irgendeiner Ursache willen verstoßen worden waren« (Ant III 276).

Diese Bestimmungen stehen im Zusammenhang der Auslegung von Lev 21,13 f: »Eine Jungfrau soll er (sc. der Hohepriester) zur Frau nehmen, keine Witwe oder Verstoßene oder Entehrte oder Hure, sondern eine Jungfrau seines Volkes soll er zur Frau nehmen.« Vgl. auch die von Josephus, Ant XIII 291 f, erzählte Begebenheit, daß Johannes Hyrkanus (gest. 104 v. Chr.) vom Pharisäer Eleazar vorgehalten wurde, er müsse vom Hohenpriesteramt zurücktreten, weil seine Mutter unter der Regierung des Antiochos Epiphanes (175–164 v. Chr.) in Kriegsgefangenschaft gewesen sei (und deshalb möglicherweise vergewaltigt worden war).

Nun könnte man gegen die hier vorgelegte Rekonstruktion darauf verweisen, daß Maria im Falle einer Vergewaltigung nach jüdischem Recht unschuldig geblieben und deswegen der Ausdruck »Sohn der Maria« unberechtigt sei. Denn wenn eine Vergewaltigung keinen Makel darstelle, könne Jesus nicht durch die Bezeichnung »Sohn Marias« herabgewürdigt werden. Theoretisch ist das richtig. Doch bestand die neuzeitliche Unterscheidung von Recht und Moral sachlich schon damals. In der Kontroverse wurde zu Argumenten gegriffen, die zwar nicht rechtens, dafür aber um so wirksamer waren – und das sind immer diejenigen, die mit Sexualität zu tun haben (vgl. die Beispiele bei Lüdemann 1995: 70 [Paulus]. 165 [Markion]).

Mt 2,1–23:
Die Magier aus dem Osten und der Kindermord des Herodes

»(1) Als aber Jesus geboren war in Bethlehem in Judäa in den Tagen des Königs Herodes, siehe, da kamen Magier aus dem Osten nach Jerusalem (2) und sprachen: Wo ist der neugeborene König der Juden? Denn wir haben seinen Stern im Osten gesehen und sind gekommen, ihn anzubeten.

(3) Als aber der König Herodes das gehört hatte, geriet er in Erschütterung und mit ihm ganz Jerusalem, (4) und er versammelte alle Hohenpriester und Schriftgelehrten des Volkes und erforschte von ihnen, wo der Christus geboren werden sollte. (5) Die aber sprachen zu ihm: In Bethlehem in Judäa;

denn so steht geschrieben durch den Propheten: (6) ›Und du, Bethlehem, Land Juda, keineswegs bist du die kleinste unter den Herrschern Judas; denn aus dir wird ein Herrscher kommen, der mein Volk Israel weiden soll.‹

(7) Da rief Herodes heimlich die Magier und erkundete von ihnen genau die Zeit, wann der Stern erschienen war, (8) und schickte sie nach Bethlehem und sprach: Geht fort und forscht genau nach dem Kind; sobald ihr es aber gefunden habt, meldet es mir, damit auch ich kommen und es anbeten kann.

(9) Die aber hörten auf den König und gingen fort. Und siehe, der Stern, den sie im Osten gesehen hatten, zog ihnen voran, bis er kam und über (dem Ort) stand, wo das Kind war. (10) Als sie aber den Stern sahen, freuten sie sich sehr.

(11) Und sie kamen in das Haus und sahen das Kind mit Maria, seiner Mutter, und warfen sich nieder und beteten es an und öffneten ihre Schatzbehälter und brachten ihre Geschenke herbei, Gold und Weihrauch und Myrrhe.

(12) Und sie erhielten eine Weissagung im Traum, nicht zu Herodes zurückzukehren, und zogen auf einem anderen Weg zurück in ihr Land.

(13) Nachdem sie aber zurückgekehrt waren, siehe, da erscheint ein Engel des Herrn im Traum dem Joseph und spricht: Steh auf, nimm das Kind und seine Mutter und fliehe nach Ägypten und bleibe dort, bis ich es dir sage; denn Herodes hat vor, das Kind zu suchen, um es zu töten. (14) Der aber stand auf, nahm das Kind und seine Mutter des Nachts und zog sich nach Ägypten zurück, (15) und er war dort bis zum Tod des Herodes, *damit erfüllt werde das vom Herrn durch den Propheten Gesagte, der da spricht:* ›Aus Ägypten habe ich meinen Sohn gerufen.‹

(16) Nachdem Herodes gesehen hatte, daß er von den Magiern zum Besten gehalten worden war, wurde er sehr zornig, sandte aus und ließ alle Kinder in Bethlehem und Umgebung töten, von zwei Jahren an und darunter, nach der Zeit, die er von den Magiern erkundet hatte. (17) *Da wurde das durch Jeremia, den Propheten, Gesagte erfüllt, der da spricht:* (18) ›Eine Stimme ist in Rama gehört worden, Weinen und viel Wehklagen. Rahel beweinte ihre Kinder, und sie wollte nicht getröstet werden, denn sie sind nicht mehr da.‹

(19) Als Herodes aber gestorben war, siehe, da erscheint ein Engel des Herrn im Traum dem Joseph in Ägypten (20) und spricht: Steh auf, nimm das Kind und seine Mutter und geh ins Land Israel; denn die, die nach dem Leben des Kindes trachten, sind gestorben. (21) Der aber stand auf, nahm das Kind und seine Mutter und ging in das Land Israel hinein. (22) Nachdem er aber gehört hatte, daß Archelaus als König über Judäa herrschte anstelle seines Vaters Herodes, fürchtete er sich, dorthin zu gehen. Nachdem er aber im Traum eine Weissagung erhalten hatte, zog er in das Gebiet Galiläa, (23) kam an und ließ sich in einer Stadt namens Nazareth nieder, *damit erfüllt würde, was durch die Propheten gesagt worden ist:* ›Er wird Nazoräer genannt werden.‹«

Allgemeines

Der vorliegende Text ist vom Abschnitt 1,18–25 unabhängig und setzt ihn auch nicht voraus. Er selbst ist zudem uneinheitlich, denn die Verbindung der Geschichte von den Magiern mit der vom Kindermord ist sicher sekundär und entspringt einer ungeschichtlichen Verknüpfung, die in der Dogmatik wurzelt. Der Vf. zeichnet eine heilige Vergangenheit, die unter dem Gedanken der Erfüllung alttestamentlicher Weissagungen steht. Die Geburt in Bethlehem, der Aufenthalt in Ägypten, der Gang nach Nazareth – all dies wird mit Zitaten aus dem Alten Testament belegt (V. 6, V. 15, V. 18, V. 23), die heute anerkanntermaßen als echte Prophezeiungen aufgegeben sind (vgl. die diesbezüglichen Erläuterungen im nächsten Abschnitt).

Und selbst dort, wo der Vf. zwecks Betonung der Rettung des Jesuskindes die Rache des Herodes braucht, zögert er nicht, im Alten Testament Ausschau zur Begründung dieser perfiden Aktion zu suchen. All dies ist – das sei vorweg betont – reine Erfindung, die durch die Ausmalung eines entsetzlichen Kindermordes nur noch schlimmer wird. David Friedrich Strauss fragte vor gut 150 Jahren zu Recht: »Aber wenn Gott einmal so übernatürlich eingriff, dass er das Gemüth des Herodes verblendete, und den Magiern später eingab, nicht mehr nach Jerusalem zurückzukehren: warum gab er diesen nicht gleich Anfangs ein, mit Umgehung Jerusalems geradezu nach Bethlehem zu reisen, wo dann die Aufmerksamkeit des Herodes nicht so unmittelbar erregt, und so vielleicht das ganze Unheil vermieden worden wäre?« (1838: 286).

Zur Gliederung

A. Die Magier (V. 1–12)
  a. Ankunft der Magier in Jerusalem (V. 1f)
  b. Kronrat in Jerusalem (V. 3–6)
  c. Verhör der Magier (V. 7f)
  d. Weg der Magier nach Bethlehem (V. 9f)
  e. Anbetung der Magier (V. 11)
  f. Rückkehr der Magier (V. 12)
B. Flucht der Familie Josephs nach Ägypten (V. 13–15)
C. Kindermord des Herodes (V. 16–18)
D. Rückkehr der Familie aus Ägypten (V. 19–23)

Schauplatz der ersten drei Unterabschnitte der Magiererzählung ist Jerusalem; die letzten beiden spielen in Bethlehem. Zusammengehalten werden die einzelnen Teile *erstens* durch die zweimalige

Wanderschaft und die Ankunft der Magier (V. 1.9), *zweitens* durch das Motiv des Sternes (V. 2.9f), *drittens* durch den Gegensatz König Herodes/König der Juden (V. 1f) und *viertens* durch den Kontrast zwischen Herodes und den Magiern, deren (in V. 11 ausgeführte) Absicht, den neuen König anbeten zu wollen (V. 2), Herodes heuchlerisch aufnimmt (V. 8).

Redaktion

V. 1 enthält die Situationsangabe und verknüpft die vorliegende Erzählung mit 1,18–25. Die Geburt Jesu in Bethlehem, auf die 1,25 voraus- und 2,1 zurückblickt, wird nicht eigens erzählt. Die Leserschaft weiß: Die Magier (dieser Ausdruck wird hier im Gegensatz zum sonst üblichen negativen Gebrauch im frühen Christentum, wie z. B. in Apg 13,6–8, positiv verstanden) sind Heiden. Das geht daraus hervor, daß sie in

V. 2 die ihnen bekannte messianische Erwartung Israels umschreiben und nach dem Geburtsort nicht des Königs von Israel, sondern des Königs der Juden fragen.

V. 3: Den Magiern tritt Herodes der Große (37–4 v. Chr.) und »ganz Jerusalem mit ihm« entgegen. Sie reagieren bestürzt, denn sie haben die Botschaft verstanden. Herodes und das ganze Jerusalemer Volk bilden fortan – entgegen den historischen Tatsachen (Herodes der Große war beim Volk unbeliebt) – die jüdische Front, die das neue Königskind ablehnt. Ihr Verhalten erscheint um so verabscheuungswürdiger, als sie selbst um die eigentliche Bedeutung des Sterns wissen. Matthäus gibt so einen Vorgeschmack auf das, was sich in der Passionsgeschichte und nach der »Auferstehung« abspielt. Dort nämlich wird das jüdische Volk am Ende des Evangeliums sagen: »Sein Blut komme über uns und unsere Kinder« (27,25), und die jüdischen Oberen werden wider besseres Wissen die Kunde von der »Auferstehung« durch Bestechung der römischen Soldaten unterdrücken (vgl. 28,11–15).

V. 4 bekräftigt das Gesagte: Herodes versammelt alle Hohenpriester und die Schriftgelehrten, die betont als Schriftgelehrte des Volkes (mit *laos* ist bei Matthäus immer das jüdische Volk gemeint) bezeichnet werden. Die Zusammenstellung der Gegner Jesu in Zweiergruppen ist typisch matthäisch. Die Hohenpriester, die später als maßgebliche Initiatoren der Hinrichtung Jesu erscheinen, und die Schriftgelehrten als hartnäckige Kontrahenten Jesu während seines Wirkens treten zusammen auch in 20,18 und 21,15 auf.

V. 5f: Herodes fragt sie nach dem Geburtsort des Messias. Die

Schriftgelehrten antworten auf die Frage des Königs mit dem Propheten Micha 5,1: Bethlehem in Judäa sei der Geburtsort. Dem stimmt Matthäus zu, vermeidet hier aber die Verwendung seiner Erfüllungsformel (vgl. V. 15, V. 17, V. 23), da die feindlichen Schriftgelehrten sprechen. Obwohl die jüdischen Schriftgelehrten erkennen, daß es um den erwarteten messianischen Hirten des Gottesvolkes geht, gehen sie Herodes zur Hand. Hier liegt eine antijüdische Spitze des Endredaktors Matthäus vor.

V. 7, die heimliche Befragung der Magier durch den König, weist voraus auf V. 16, der ähnlich formuliert ist.

V. 8 dient der Absicht, daß Herodes als Heuchler durchschaut wird. Er will das Kind ja gar nicht anbeten, sondern ermorden.

V. 9f: Wie in verwandten Berichten soll auch hier die Leserschaft Gottes Führung spüren, die im ganzen Geschehen am Werke ist.

V. 11 bildet den Höhepunkt der Geschichte: Die Magier finden im Haus das Kind und seine Mutter, beten es an und bringen ihm kostbare Geschenke.

V. 12 rundet die Geschichte ab. Das Jesuskind bleibt in Sicherheit. Die Magier erhalten im Traum die Weisung, nicht nach Jerusalem zurückzugehen. Man hätte nur gewünscht, diese Weisung wäre früher erteilt worden, »um durch Ablenkung der Magier von Jerusalem vielleicht das ganze folgende Blutbad zu ersparen« (Strauss 1838: 289).

V. 13–15 berichten von der Flucht nach Ägypten. Die Erzählung ist im Stenogramm gehalten und schärft zwei Gedanken ein: Gottes Führung allein, sein Plan, der im Erfüllungszitat (vgl. Hos 11,1) zum Ausdruck kommt, retten das kleine Kind.

V. 16f, die Schilderung des grausamen Kindermordes zu Bethlehem, bildet dazu eine dunkle Folie und drückt nachträglich die tatsächliche Bedrohung Jesu aus.

V. 17f belegen durch ein Erfüllungszitat aus Jer 31,15, daß auch dieses grausige Geschehen dem Plan Gottes entspricht. Ursprünglich hat sich die durch diesen Kindermord vermeintlich erfüllte »Weissagung« auf die Wegführung der Judäer nach Babylon bezogen; an ein in ferner Zukunft liegendes Ereignis war dabei in keiner Weise gedacht (vgl. Strauss 1838: 292).

V. 19–21, die sprachlich V. 13f sehr ähnlich sind und sich damit als redaktionelle Anknüpfung zu erkennen geben, erzählen die Abrundung des göttlichen Planes und führen den Davids- und Abrahamssohn Jesus in das Land des Volkes zurück, dem seine Sendung gilt.

V. 22f sind ganz von Matthäus komponiert, wie die Parallele zu unserem Vers in Mt 4,12–13 zeigt. Da er ein alttestamentliches Zitat für die Heimatstadt Jesu brauchte, füllte er selbst gewaltsam diese Lücke und verstand Nazoräer sinnwidrig als Bewohner Nazareths.

Tradition

Vorbemerkung: Da die Auslegung eine durchgehend redaktionelle Gestaltung des Textes durch Matthäus ergab, fällt es schwer, eine fest umrissene Vorlage herauszuschälen. Aufgabe der Traditionsanalyse ist es daher, Motive und Vorbilder herauszuarbeiten, auf deren Grundlage Matthäus die Geschichte verfaßt haben mag.

Von einem wundersamen Stern bei der Geburt und beim Regierungsantritt Mithradates' VI., des Großen (ca. 132–63 v. Chr.), berichtet ein römischer Geschichtsschreiber der augusteischen Zeit:

»Seine künftige Größe hatten sogar himmlische Wunderzeichen vorher verkündet. Es leuchtete nämlich sowohl in dem Jahre, da er geboren wurde, als auch in dem, da er zuerst zu regieren anfing, während des doppelten Zeitraums ein Schweifstern siebzig Tage lang so, daß der ganze Himmel aufzulodern schien. Denn nicht nur hatte er mit der Größe von sich den vierten Teil des Himmels eingenommen, sondern auch durch den von ihm ausgehenden blitzenden Schimmer den Glanz der Sonne übertroffen; und so oft er auf- und unterging, brachte er damit eine Zeit von vier Stunden zu« (Justinus, Epitome aus Pompeius Trogus 37, 2).

Vgl. auch die beiden folgenden Berichte des Kaiserbiographen Sueton (geb. um 70 n. Chr.):

»Cäsar starb in seinem 56. Lebensjahr und wurde nicht nur durch einen offiziellen Beschluß, sondern auch der tiefsten Überzeugung des Volkes entsprechend unter die Götter erhoben. Ja, während der erstmaligen Veranstaltung der Spiele, welche für seine Aufnahme unter die Götter sein Erbe Augustus aufführen ließ, glänzte ein Komet, der etwa um die elfte Stunde aufging, sieben Tage nacheinander, und man glaubte, es sei die Seele des in den Himmel aufgenommenen Cäsar« (Sueton, Cäsar 88).

»Einmal zeigte sich während mehrerer Nächte hintereinander ein Komet, was nach dem Volksglauben den Untergang der Machthaber anzeigt. Nero ängstigte sich über diese Erscheinung, und als ihn der Astrologe Balbillus belehrte, daß Könige ein solches Unglückszeichen durch die Opferung irgendeines hochstehenden Mannes zu sühnen pflegen und es so von sich auf die Häupter ihrer Großen ablenken, beschloß er die Hinrichtung der allervornehmsten Römer« (Sueton, Nero 36).

Die Geschichte von Herodes, der den neugeborenen König umbringen will, hat ebenfalls eine große Anzahl von Parallelen. Das Motiv findet sich sowohl in der alttestamentlichen Mose-Sage (Ex 2; vgl. Josephus, Ant II 205–223) als auch bei vielen griechischen und römischen Autoren (vgl. den ausführlichen Überblick bei Luz 1992: 84) und ist oft mit dem eines Kindermordes verbunden. Vgl. dazu auch Sueton, Augustus 94:

»Julius Marathus berichtet, daß wenige Monate, bevor er (sc. Augustus) geboren wurde, ein Vorzeichen in Rom öffentlich geschah, durch welches angekündigt wurde, die Natur sei schwanger mit einem König für das römische Volk. Der Senat habe darauf voller Schrecken beschlossen, daß kein in jenem Jahr geborenes Kind aufgezogen werden solle. Die schwangere Frauen besaßen, hätten, weil jeder die Hoffnung auf sich bezog, dafür gesorgt, daß der Senatsbeschluß nicht in die Staatskasse überbracht wurde (d. h. keine Gesetzeskraft erlangte).«

Historisches

Angesichts der durchgeführten Auslegung, die eine durchweg redaktionelle Gestaltung ergab, sowie der Beobachtungen am Anfang (s. Allgemeines) und der genannten Motivparallelen ist der historische Ertrag für Mt 2 gleich Null.

Ebenso trägt die Tatsache, daß neben Matthäus auch Lukas eine Geburtsgeschichte erzählt, zur historischen Glaubwürdigkeit der Erzählung des Matthäus nichts bei. Im Gegenteil: Aufgrund der Unvereinbarkeit beider Berichte wird ihr historischer Wert noch geringer:

• Nicht einmal in der Datierung der Geburt Jesu stimmen Matthäus und Lukas überein: Bei Matthäus soll die Geburt Jesu noch zu Lebzeiten Herodes des Großen (gest. 4 v. Chr.) erfolgt sein, bei Lukas hingegen kurz nach einer von Kaiser Augustus angeordneten Steuerschätzung zur Zeit der syrischen Statthalterschaft des Quirinius (ab 6 n. Chr.). Von einem reichsweiten Zensus unter Augustus ist allerdings aus nichtchristlichen Quellen nichts bekannt. Der erste Zensus in Judäa, nicht im ganzen Römischen Reich, ist erst 6/7 n. Chr. ausgeschrieben worden.

• Bei Matthäus wohnen die Eltern in Bethlehem, und erst nach der Rückkehr aus Ägypten siedeln sie nach Nazareth um. Lukas dagegen läßt die Eltern vor der Geburt Jesu von ihrem Wohnort Nazareth nach Bethlehem ziehen.

• Von Magiern aus dem Morgenland, einem Wunderstern, einer

Flucht nach Ägypten und einem Kindermord des Herodes berichtet Lukas nichts; umgekehrt weiß Matthäus nichts von einer Verkündigung der Geburt an die Hirten usw.

Ein letzter ebenso verzweifelter wie abwegiger Versuch, beide Erzählungen zu harmonisieren, wäre die Annahme, beide wollten dasselbe nur auf verschiedene Weise darstellen oder das von Matthäus Berichtete setze die lukanische Geschichte als früher Vorgefallenes voraus (bzw. umgekehrt). Vielmehr gilt:

»Da... zwei gleich unhistorische Erzählungen vor uns liegen: so fehlt jeder Grund, die gequälte Herausdeutung des Matthäischen Berichts aus dem des Lukas der so einfachen Ableitung desselben aus A.T.lichen Stellen und jüdischen Meinungen vorzuziehen. Es sind also diese beiden Beschreibungen der ersten Einführung Jesu zwar Variationen über dasselbe Thema, aber ohne unmittelbaren Einfluss der einen auf die andere« (Strauss 1838: 314).

Ein kurioses Beispiel dafür, wohin man sich versteigen kann, wenn man um jeden Preis an der Historizität biblischer Geschichten festhalten möchte, bietet Werner Kellers Buch »Und die Bibel hat doch recht«. Die Ereignisse, die den in der Magiererzählung berichteten mutmaßlich vorausgegangen seien, rekonstruiert Keller folgendermaßen: Drei in Babylonien Astrologie studierende Juden hätten den Stern von Bethlehem – in Wirklichkeit eine Engstellung der Planeten Saturn und Jupiter im Sternbild der Fische – auf das Erscheinen eines mächtigen Königs im Westland, dem Land ihrer Väter, gedeutet.

»Am 29. Mai 7. v. Chr. beobachteten sie die erste Engstellung der beiden Planeten vom Dach der Astrologenschule zu Sippar. Zu dieser Zeit herrscht im Zweistromland schon unerträgliche Hitze. Der Sommer ist keine Zeit für beschwerliche Reisen. Zudem wußten sie von der Wiederkehr der Konjunktion am 3. Oktober. Ebenso wie zukünftige Sonnen- und Mondfinsternisse konnten sie auch diese Konstellation genau im voraus berechnen. Daß am 3. Oktober gerade das jüdische Fest der Versöhnung war, mögen sie als Mahnung angesehen haben und in diesen Tagen aufgebrochen sein« (1957: 369f).

Gegen Ende November seien die jüdischen Astrologen auf ihren Kamelen in Jerusalem eingetroffen, und die Geschichte habe ihren bekannten Verlauf genommen.

Es ist nur zu berechtigt, solchen und anderen abwegigen Spekulationen eine klare Absage zu erteilen (vgl. mustergültig Smend 1997: 41–45). Um so erklärungsbedürftiger erscheint es aber, wenn man dabei schließlich selbst gegen alle historischen Fakten mit der Bibel sagt: »Gott hat Israel aus Ägypten geführt, und Jesus Christus ist auferstanden von den Toten« (ebd., S. 45). Denn welchen Sinn haben solche steilen Sätze, wenn sie geschichtlich ein für allemal widerlegt sind?

Mt 12,46–50:
Die wahren Verwandten Jesu

»(46) Als er noch zu der Menge redete, *siehe*, da standen seine Mutter und seine Brüder draußen, die wollten mit ihm reden. (47) Da sprach *einer* zu ihm: Siehe, deine Mutter und deine Brüder stehen draußen und wollen mit dir reden. (48) Er antwortete aber und sprach zu *dem, der es ihm ansagte*: Wer ist meine Mutter, und wer sind meine Brüder? (49) Und er *streckte die Hand aus über seine Jünger* und sprach: Siehe, meine Mutter und meine Brüder! (50) Denn wer den Willen *meines Vaters in den Himmeln* tut, der ist mir Bruder und Schwester und Mutter.«

Redaktion

Die Aussageabsicht des Vf.s ist aus dem Vergleich der vorliegenden Erzählung mit der Vorlage Mk 3,31–35 zu ermitteln. Im Verhältnis zu der bei Markus geschilderten harten Ablehnung der Familie ist der Matthäus-Text (ebenso wie die Lukas-Parallele) etwas freundlicher. Die Abschwächung erfolgt auf zweierlei Weise: *Erstens* läßt Matthäus (ebenso wie Lukas) den Text von Mk 3,20f – und damit die Annahme der Verwandten, Jesus sei von Sinnen – einfach aus; *zweitens* kürzt er den Bericht von der Ankunft der Verwandten: Diese sind nun nicht mehr durch die um Jesus versammelte Menge (Mk 3,32a) getrennt. Dem entspricht, daß

V. 47f nicht die Menge, sondern eine ungenannte Person die Ankunft der Verwandten meldet und Adressat der Antwort Jesu ist.

V. 49: Die Geste Jesu unterstreicht seine Hinwendung zu den Jüngern. Diese sind es, die Jesus mit seiner Mutter und seinen Brüdern identifiziert.

V. 50 spricht im Gegensatz zu Mk 3,35 (»Gott«) in einer für den ersten Evangelisten typischen Weise von »meinem Vater in den Himmeln«.

Mt 13,54–58:
Die Ablehnung Jesu in seiner Vaterstadt

»(54) Und er kam in seine Vaterstadt und lehrte sie in *ihrer* Synagoge, so daß sie sich entsetzten und fragten: Woher hat dieser solche Weisheit und die Machttaten? (55) Ist dieser nicht der *Sohn des Handwerkers? Heißt nicht seine Mutter Maria?* und seine Brüder Jakobus und *Joseph* und Simon und Judas? (56) Und seine Schwestern, sind sie nicht alle bei uns? Woher hat er denn das alles?

(57) Und sie ärgerten sich an ihm. Jesus aber sprach zu ihnen: Nirgends gilt ein Prophet als ehrlos außer in seiner Vaterstadt und in seinem Hause. (58) Und er tat dort nicht viele Machttaten wegen ihres Unglaubens.«

Redaktion

Die Aussageabsicht des Textes ist aus einem Vergleich mit seiner Vorlage, Mk 6,1–6, zu ermitteln.

V. 54: Der Vers weist gegenüber Mk 6,1 f drei Veränderungen auf: Erstens bleiben die Jünger unerwähnt; zweitens lehrt Jesus in »ihrer« Synagoge; drittens werden die Wunder nicht näher bestimmt (Mk 6,2: »die durch seine Hände geschehen«).

V. 55 f: Jesus wird gegenüber Mk 6,3 nicht als »Handwerker« und »Sohn der Maria«, sondern als »Sohn des Handwerkers« bezeichnet. D. h., Matthäus unterschlägt die jesuskritische Tradition jüdischer Zeitgenossen, die mit Recht auf seine illegitime Geburt hingewiesen haben. Die ausführliche, im Vergleich zu Mk 6,3 leicht variierte Auflistung der Familienmitglieder illustriert wie in der Vorlage das Interesse der Nachbarn: Jesus kann deshalb nicht mächtig und weise sein, weil seine Familie allgemein bekannt ist.

V. 57: Aus der Dreierreihe Mk 6,4 streicht Matthäus die Verwandten.

V. 58: Matthäus strafft den Abschluß Mk 6,5 f, indem er sowohl den eventuell anstößigen Satz: »er konnte dort keine Wunder tun«, als auch die Bemerkung, daß Jesus sich wunderte, ausläßt.

Lukanisches Doppelwerk

Allgemeines zur Komposition von Lk 1,5–2,52

Vorbemerkung: Zu beachten bleibt, daß die Vorgeschichte Lk 1–2 sich nicht bei Markion findet, der vor Mitte des 2. Jh.s eine Bibel – bestehend aus LkEv und sieben Paulusbriefen – zusammengestellt hatte (vgl. Lüdemann 1995: 170–172). Auch einige Exegeten sprechen sich dafür aus, daß die Vorgeschichte erst nachträglich zum LkEv hinzugefügt worden ist. Ich gehe jedoch von einem ursprünglichen Zusammenhang aus.

Im folgenden seien einige Texte in etwas anderer Reihenfolge besprochen, als sie im Neuen Testament stehen. Dieses Vorgehen setzt das quellenkritische Ergebnis der folgenden Textanalysen bereits voraus und hat folgenden Grund: Die Erzählung von der Verkündigung an Zacharias und die von der Geburt und Namensgebung des Täufers (Lk 1,5–25.57–66) war ursprünglich eine isoliert überlieferte Einzelerzählung und ist erst durch die redaktionelle Tätigkeit des Lukas auseinandergerissen worden. Das geht daraus hervor, daß sich V. 57 glatt an V. 25 anschließt und die Geschichte weder die Ankündigung der Geburt Jesu (1,26–38) noch den Besuch der Maria bei Elisabet (1,39–56) voraussetzt. Umgekehrt jedoch überbieten die Jesusgeschichten die Täufererzählung (vgl. bes. Lk 1,39–45 und die nur von Jesus ausgesagte Geburt aus der Jungfrau).

Jeweils isoliert lagen dem Evangelisten außerdem zwei Psalmen (1,46–55* und 1,68–79*) und vier voneinander unabhängige Traditionen zur Geburt und Kindheit Jesu vor. (Der hochgestellte Stern bezeichnet die traditionellen Fassungen der Psalmen, die Lukas mit Zusätzen versehen hat und die deshalb nicht mit dem jetzigen Versumfang übereinstimmen.)

Lukas hat die Johanneserzählung unter Gebrauch einer damals bekannten Stilform mit den entsprechenden Jesus-Geschichten parallelisiert und sie durch die Geschichte von der Begegnung der beiden Mütter in Lk 1,39–45.(46–55.)56 verknüpft.

ursprünglich zusammenhängende Täufertradition	redaktionelle Verknüpfung	ursprünglich voneinander unabhängige Jesustraditionen
1,5–25: Ankündigung der Geburt des Täufers		1,26–38: Ankündigung der Geburt Jesu
	1,39–56: Besuch der Maria bei Elisabet (V. 46–55: Marias Lobgesang)	
1,57–80: Geburt und Namensgebung des Täufers (V. 67–79: Lobgesang des Zacharias)		2,1–21: Geburt Jesu
		2,22–41: Darstellung Jesu im Tempel
		2,42–52: Der zwölfjährige Jesus im Tempel

Für die Annahme, daß Lukas die Parallelkomposition selbst gestaltet und die Kindheitsgeschichten nicht etwa bereits in paralleler Form vorgefunden hat, spricht auch die analoge Gegenüberstellung von Philippus und Simon (Magus) in Apg 8,4–13, die mit Sicherheit von Lukas stammt (vgl. Lüdemann 1987: 101).

Lk 1,5–25:
Die Ankündigung der Geburt Johannes des Täufers

»(5) *Es geschah in den Tagen des Herodes, des Königs von Juda*, da war ein Priester mit Namen Zacharias aus der Klasse des Abija, und er hatte eine Frau aus den Töchtern Aarons, und ihr Name war Elisabet. (6) Sie waren beide gerecht vor Gott und wandelten untadelig in allen Geboten und Satzungen des Herrn. (7) Und sie hatten kein Kind, weil Elisabet unfruchtbar war, und beide waren schon in vorgerücktem Alter.

(8) Da geschah es, als er nach der Ordnung seiner Klasse Priesterdienst vor Gott tat, (9) daß ihn nach der Sitte des Priesterdienstes das Los traf, das

Räucheropfer darzubringen, und er ging in den Tempel des Herrn, (10) *und die ganze Menge des Volkes betete draußen zur Stunde des Räucheropfers.* (11) Da aber erschien ihm ein Engel des Herrn, der rechts vom Räucheraltar stand. (12) Und Zacharias wurde erschüttert, als er es sah, und Furcht fiel auf ihn. (13) Es sprach aber zu ihm der Engel:

Fürchte dich nicht, Zacharias,
denn dein Gebet ist erhört worden,
und deine Frau Elisabet wird dir einen Sohn gebären,
und du wirst ihm den Namen Johannes geben.
(14) Und du wirst Freude und Jubel haben,
und viele werden sich über seine Geburt freuen.
(15) Denn er wird groß werden vor dem Herrn,
und Wein und Rauschtrank wird er nicht trinken,
und mit heiligem Geist wird er erfüllt werden
schon von seinem Mutterleib an,
(16) und viele der Kinder Israels wird er kehren
zum Herrn, ihrem Gott.
(17) Und er wird vor ihm hergehen
in Geist und Kraft Elias,
um Vaterherzen zu Kindern zu kehren
und Ungehorsame zur Einsicht Gerechter,
– vorzubereiten dem Herrn ein gerüstetes Volk.

(18) Und Zacharias sprach zum Engel: Woran soll ich das erkennen? Denn ich bin alt, und meine Frau ist in vorgerücktem Alter. (19) Der Engel antwortete und sprach zu ihm: Ich bin Gabriel, der vor Gott steht, und wurde gesandt, zu dir zu reden und dir diese Frohbotschaft zu bringen. (20) Und siehe, du wirst stumm sein und nicht reden können bis zu dem Tag, an dem dies geschehen wird, weil du meinen Worten nicht geglaubt hast, die erfüllt werden sollen zu ihrer Zeit.

(21) *Und das Volk wartete auf Zacharias und wunderte sich, daß er so lange in dem Tempel verweilte.* (22) Als er aber herauskam, konnte er nicht zu ihnen reden, und sie erkannten, daß er eine Erscheinung in dem Tempel gesehen hatte; und er winkte ihnen zu und blieb stumm.

(23) Und es geschah, als die Tage seines Dienstes erfüllt waren, ging er fort in sein Haus. (24) Nach diesen Tagen wurde Elisabet, seine Frau, schwanger *und verbarg sich fünf Monate und sagte:* (25) *So hat mir der Herr getan in den Tagen, in denen er darauf sah, meine Schmach unter den Menschen wegzunehmen.«*

Redaktion

V. 5a: »Es geschah… Juda«, die Verknüpfung der folgenden Erzählung mit Herodes (dem Großen), entspricht dem oft anzutreffenden Bemühen des Lukas, Daten der Heilsgeschichte profan zu verankern. Später wird er die Geburt Jesu in die Zeit des Kaisers Augustus und der Statthalterschaft des Quirinius datieren (2,1f) und das Auftreten Johannes des Täufers in das 15. Jahr der Herrschaft des Kaisers Tiberius (3,1).

V. 5b–7 bilden die Exposition: Zacharias und Elisabet, beide von priesterlicher Herkunft und moralisch ohne Tadel, sind kinderlos. Elisabets Unfruchtbarkeit und das hohe Alter des Paares steigern die Größe sowie den außergewöhnlichen und wunderhaften Charakter des Geschehens, von dem im folgenden berichtet wird.

V. 8f leiten die entscheidende Szene ein: Durch Losentscheid fällt Zacharias eines Tages die Aufgabe zu, das Räucheropfer im Tempel darzubringen.

V. 10 geht vollständig auf Lukas zurück. Er fügt das *Gebetsmotiv* an entscheidenden Stellen der Geschichte einzelner Menschen und Gruppen den Überlieferungen hinzu. Dafür zwei Beispiele: a) Bei der Taufe Jesu durch Johannes betet der Gottessohn (Lk 3,21), was die Markus-Vorlage (1,9–11) noch nicht enthielt. b) In der Apg läßt Lukas das Gemeindegebet Apg 4,24–30 auf die Szene vor dem Hohen Rat (Apg 4,1–22) folgen und schafft damit ein eindrucksvolles Szenario: Die junge Gemeinde hat einen starken Gott auf ihrer Seite, der sie trotz aller Widerstände vor den Feinden bewahrt.

V. 11f: Die Furcht des Zacharias angesichts der Erscheinung des Engels ist die typische Reaktion des Menschen auf die Berührung mit dem Göttlichen.

V. 13–17: Ebenso stilgemäß ist die Formel »Fürchte dich nicht« als Einleitung der Engelrede. Diese ist in drei Teile gegliedert: V. 13–14 beziehen sich auf die baldige Zukunft: Dem Zacharias wird ein Sohn verheißen, dessen Name von Gott vorherbestimmt ist. V. 15 besagt, daß Johannes schon vom Mutterleib an Prophet sein werde, so daß es keiner eigenen Berufung bedarf. V. 16–17 nennen den künftigen Erfolg seines Wirkens: Er wird Gott bzw. dem Herrn (dabei denkt Lukas sicher an den Messias Jesus) vorangehen, um ihm ein gerüstetes Volk vorzubereiten.

V. 18: Angesichts seines und des hohen Alters seiner Frau (vgl. V. 7) fordert Zacharias zur Bestätigung der Verheißung ein Zeichen.

V. 19f: Der Engel antwortet auf die Zeichenforderung mit der Nennung seines Namens: Er ist Gabriel, einer der Erzengel (vgl. Dan 8,16f; 9,21). Damit wird gesagt: Die Botschaft kommt direkt von Gott und bedarf keiner Bestätigung durch ein Zeichen. Deshalb ist das Zeichen, das Zacharias dennoch gegeben wird, zugleich eine Strafe für seinen Unglauben: Er soll bis zur Geburt seines Sohnes stumm bleiben.

V. 21 ist ein redaktioneller Zusatz. Das geht nicht nur aus den lukanischen Vorzugswörtern (»Volk«, »warten«), sondern vor allem daraus hervor, daß die Wendung »und das Volk wartete« in Lk 3,15 fast wörtlich wiederkehrt und daß der Blick sich hier wie in V. 10 auf das Volk vor dem Tempel richtet.

V. 22: Das in V. 20 angekündigte »Straf-Zeichen« ist bereits eingetreten, als Zacharias den Tempel verläßt. Anstatt den vom Volk erwarteten Segen zu spenden, kann er nur winken.

V. 23–24a: Aber auch die Verheißung beginnt sogleich in Erfüllung zu gehen: Sobald Zacharias nach Hause zurückgekehrt ist, tritt die Schwangerschaft der Elisabet ein.

V. 24b dient der Verklammerung der Johannes- mit der Jesusgeschichte und ist redaktionell: Auf die fünf Monate bezieht sich 1,26 (»im sechsten Monat«) zurück.

V. 25 rundet redaktionell die Geschichte ab. Elisabet dankt Gott für die Aufhebung der mit ihrer Unfruchtbarkeit verbundenen Schmach. Man vgl. das alttestamentliche Beispiel der Hanna, deren Kinderlosigkeit ihre Erniedrigung (1Sam 1,2) bzw. ihr Elend (1Sam 1,11) ist, deren Schwangerschaft aber als ihre Erhöhung und als Demütigung der Feinde verstanden wird, welche die Hanna wegen ihrer Unfruchtbarkeit verhöhnt hatten (1Sam 2,1).

Fazit: Lukas hat eine vorliegende Erzählung aufgenommen, durch einige retardierende Momente ergänzt (V. 10 und 21) und nur am Schluß stärker in sie eingegriffen, um die Verbindung mit der Jesusgeschichte herzustellen.

Tradition und Historisches

Vgl. zusammenfassend die Ausführungen zum nächsten Abschnitt (1,57–66), der auf der vorredaktionellen Ebene mit 1,5–25 eine Einheit bildet (vgl. dazu auch oben S. 91 f).

Lk 1,57–66:
Die Geburt Johannes des Täufers

»(57) Für Elisabet erfüllte sich die Zeit der Niederkunft, und sie gebar einen Sohn. (58) Und ihre Nachbarn und Verwandten hörten, daß der Herr große Barmherzigkeit an ihr getan hatte, und freuten sich mit ihr.

(59) Und es geschah am achten Tag, da kamen sie, das Kindlein zu beschneiden, und wollten es nach dem Namen seines Vaters Zacharias nennen. (60) Und seine Mutter antwortete und sprach: Nein, sondern es soll Johannes genannt werden. (61) Und sie sprachen zu ihr: Niemanden gibt es

aus deiner Verwandtschaft, der mit diesem Namen genannt ist. (62) Sie winkten aber seinem Vater, wie er wohl wolle, daß es genannt werde. (63) Und er forderte ein Schreibtäfelchen und schrieb: Johannes ist sein Name. Und sie wunderten sich alle. (64) Sogleich aber wurde sein Mund aufgetan und seine Zunge, und er redete und lobte Gott.

(65) Und es kam Furcht über alle, die in ihrer Nachbarschaft wohnten, und im ganzen Bergland Judäas wurden alle diese Ereignisse besprochen, (66) und alle, die es hörten, *nahmen es in ihre Herzen auf und* sprachen: Was wird wohl aus diesem Kindlein? *Und die Hand des Herrn war mit ihm.*«

Redaktion

Nach der Unterbrechung durch 1,26–38 und 1,39–56 nimmt dieser Abschnitt den Erzählfaden von 1,5–25 wieder auf:

V. 57f berichten zunächst von der Erfüllung der Botschaft, die Zacharias durch den Engel zuteil geworden war (1,13d),

V. 59–63 schildern sodann die Ausführung der vom Engel befohlenen Namensgebung (1,13e).

V. 64 bezieht sich auf 1,20 zurück: Da der Tag gekommen ist, bis zu dem Zacharias stumm sein sollte, erhält er seine Stimme jetzt zurück.

V. 65–66 runden die Geschichte ab, wobei das Herzensmotiv Lk 2,19 und 2,51b und die abschließende Bemerkung Lk 2,40 entspricht.

Tradition

Die Geschichte von der Weissagung der Geburt des Täufers und ihrer Erfüllung dürfte Lukas vorgelegen haben, wobei Redaktion und Tradition nicht immer klar voneinander zu trennen sind. Beide Teile der Erzählung »hängen zusammen und bilden eine echte Personallegende, die die Bedeutung ihres Helden an den Ereignissen seiner Erzeugung und Geburt darstellt« (Dibelius 1953: 3).

Die ursprüngliche Absicht dieser Legende lag darin, Johannes als einen »Großen« darzustellen, der, von Gott auserwählt und aus priesterlichem Geschlecht stammend, die Aufgabe hat, das Volk Israel zu bekehren und für die Ankunft Gottes selbst vorzubereiten.

Die Vorläuferschaft des Johannes und seine Unterlegenheit gegenüber Jesus, deren Betonung für Christen unentbehrlich ist, ja, die für Christen die Geschichte des Täufers erst erzählenswert macht, spielt hier überhaupt keine Rolle. Aus diesem Grund kann die Legende schwerlich christlichen Ursprungs sein. Es handelt sich vielmehr um eine Überlieferung aus Täuferkreisen.

Die *Motive* der Legende sind durchweg alttestamentlich:
a) Unfruchtbarkeit und/oder Alter als Gründe der Kinderlosigkeit,

b) Verheißung eines Kindes durch Gott oder einen Engel und

c) Vorherbestimmung des Namens durch Gott – diese drei Motive sind auch in Gen 17,17–19 kombiniert. Auf die Ankündigung Gottes, daß Sara einen Sohn gebären werde,

»(17) fiel Abraham auf sein Angesicht und lachte und sprach in seinem Herzen: Soll mir mit hundert Jahren ein Kind geboren werden, und soll Sara, neunzig Jahre alt, gebären? (18) Und Abraham sprach zu Gott: Ach daß Ismael möchte leben bleiben vor dir! (19) Da sprach Gott: Nein, Sara, deine Frau, wird dir einen Sohn gebären, den sollst du Isaak nennen...«

Eine Kombination der ersten beiden genannten Motive weist die Ankündigung der Geburt Simsons in Ri 13,2–5 auf, die dem Anfang der Johannesgeschichte mitsamt der Engelverheißung überhaupt sehr ähnlich ist:

»(2) Es war aber ein Mann in Zora von einem Geschlecht der Daniter, mit Namen Manoach, und seine Frau war unfruchtbar und hatte keine Kinder. (3) Und der Engel des Herrn erschien der Frau und sprach zu ihr: Siehe, du bist unfruchtbar und hast keine Kinder, aber du wirst schwanger werden und einen Sohn gebären. (4) So hüte dich nun, Wein oder starkes Getränk zu trinken und Unreines zu essen; (5) denn du wirst schwanger werden und einen Sohn gebären, dem kein Schermesser aufs Haupt kommen soll. Denn der Knabe wird ein Geweihter Gottes sein von Mutterleibe an; und er wird anfangen, Israel zu erretten aus der Hand der Philister.«

Vgl. zu den Einzelmotiven a), b) und c) ferner Gen 16,1 f.11; 18,10–15; 1Sam 1.

d) Schon vor ihrer Geburt berufen werden der jesajanische Gottesknecht und Jeremia:

»Hört mir zu, ihr Inseln, und ihr Völker in der Ferne, merket auf! Der Herr hat mich berufen von Mutterleibe an; er hat meines Namens gedacht, als ich noch im Schoß der Mutter war« (Jes 49,1).

»Ich kannte dich, ehe ich dich im Mutterleib bereitete, und sonderte dich aus, ehe du von der Mutter geboren wurdest, und bestellte dich zum Propheten für die Völker« (Jer 1,5)

e) Zeichenforderungen stellen Abraham (Gen 15,8), Gideon (Ri 6,36–40) und Hiskia (2Kön 20,8f).

Historisches

Der legendarische und erbauliche Charakter sowie die durchgehend alttestamentlichen Motivparallelen erweisen die in 1,5–25.57–66 zugrunde liegende Tradition als unhistorisch. Nur die Eigennamen führen auf geschichtliche Persönlichkeiten zurück.

Lk 1,67–80:
Der Lobgesang des Zacharias (»Benedictus«)

»(67) *Und Zacharias, sein Vater, wurde erfüllt mit heiligem Geist und weissagte und sprach:*
(68) Gepriesen sei der Herr, der Gott Israels!
Denn er hat (sein Volk) besucht und die Befreiung für sein Volk bewirkt,
(69) und er hat uns ein Horn der Rettung erweckt
im Hause Davids, seines Knechtes,
(70) *wie er geredet hat durch den Mund seiner heiligen Propheten von jeher,*
(71) Rettung vor unseren Feinden und vor der Hand aller, die uns hassen,
(72) Erbarmen zu üben mit unseren Vätern
und seines heiligen Bundes zu gedenken,
(73) den Eid, den er Abraham, unserem Vater, schwor,
und uns zu geben, (74) ohne Furcht, befreit aus der Hand von Feinden,
ihm zu dienen (75) in Frömmigkeit und Gerechtigkeit
vor ihm alle unsere Tage.
(76) *Und du, Kindlein, wirst Prophet des Höchsten genannt werden;
denn du wirst vor dem Herrn herwandern, seine Wege zu bereiten*
(77) *und Erkenntnis der Rettung seinem Volk zu geben
in Vergebung ihrer Sünden,*
(78) durch die mitleidige Barmherzigkeit unseres Gottes,
womit uns besuchen wird der Aufgang aus der Höhe,
(79) denen zu erscheinen, die in Finsternis und Todesschatten sitzen,
unsere Füße auf den Weg des Friedens zu richten.
(80) *Das Kindlein aber wuchs und wurde stark im Geist und war in der Wüste bis zum Tag seiner Einsetzung für Israel.*«

Redaktion

Der Lobgesang des Zacharias, für den sich nach dem ersten Wort der lateinischen Übersetzung die Bezeichnung »Benedictus« eingebürgert hat, erfolgt, nachdem die Geschichte von der Geburt des Täufers bereits abgeschlossen ist. Diese Stellung macht deutlich, daß er nicht zur ursprünglichen Personallegende gehörte, in der er im Anschluß an V. 64 einen geeigneten Platz gehabt hätte. Er wurde vielmehr erst nachträglich, wahrscheinlich von Lukas, an das Ende der vorangehenden Erzählung angefügt.

Innerhalb des Abschnittes 1,67–80 sind folgende Bestandteile der Redaktion des Lukas zuzuschreiben:

V. 67 ist sprachlich lukanisch und redaktioneller Überleitungsvers.

V. 70 stimmt fast wörtlich mit Apg 3,21b überein. Dieser Vers ist der einzige richtige Nebensatz innerhalb des Liedes und dürfte auch deswegen auf Lukas zurückgehen.

V. 76–77: V. 76a bildet ein Gegenstück zu 1,32. Auch V. 76b-77 dürften ein lukanischer Einschub sein. Dieser betont die Vorläuferschaft des Johannes – ein Motiv, das später weiter ausgebaut werden wird: vgl. Lk 3,2–6 (unter Benutzung von Mk 1,2) und 7,26f. Die Botschaft des Johannes, »die Erkenntnis der Rettung seinem Volk zu geben in Vergebung ihrer Sünden«, nimmt Lk 3,3 vorweg. »Rettung« erscheint bei Markus und Matthäus nicht, 1x bei Johannes (4,22), 3x in der lukanischen Vorgeschichte (1,69.71.77); 6x in der Apg (4,12; 7,25; 13,26.47; 16,17; 27,34).

V. 80 überbrückt die Zeit bis zum öffentlichen Auftreten des Johannes in Kap. 3 und entspricht Lk 2,40.52. Lukas beschreibt stereotyp das gedeihliche Aufwachsen eines Kindes. In der Apg wird er später ähnlich die erfolgreiche Ausbreitung des Wortes Gottes und das ständige Wachstum der Kirche zeichnen (Apg 1,15: ungefähr 120 Gläubige; 2,41: 3000).

Fazit: Lukas hat einen vorgegebenen Psalm aufgenommen und unter Betonung der Vorläuferschaft des Johannes aktualisierend ergänzt.

Tradition

Der ursprüngliche messianische Hymnus ist jüdischen Ursprungs. Wie im Hymnus der Maria (1,46–55) existieren zu jedem Vers zahlreiche alttestamentliche Parallelwendungen (vgl. die Kommentare).

Historisches

Zacharias hat den ihm zugeschriebenen Hymnus niemals gesprochen.

Lk 1,26–38:
Die Ankündigung der Geburt Jesu

»(1,26) Im sechsten Monat aber wurde der Engel Gabriel von Gott in eine Stadt Galiläas mit Namen Nazareth gesandt, (27) zu einer Jungfrau, *die mit einem Mann mit Namen Joseph* aus dem Hause Davids *verlobt war*, und der Name der Jungfrau war Maria.

(28) Und nachdem er zu ihr eingetreten war, sprach er zu ihr: Sei gegrüßt, Begnadete, der Herr ist mit dir.

(29) Sie aber war über das Wort bestürzt, und sie überlegte, was dieser Gruß wohl bedeute.

(30) Und der Engel sprach zu ihr:
Fürchte dich nicht, Maria,
denn du hast Gnade gefunden bei Gott.

(31) Und siehe, du wirst schwanger werden
und einen Sohn gebären,
und du sollst ihm den Namen Jesus geben.

(32) Dieser wird groß sein
und Sohn des Höchsten genannt werden,
und Gott, der Herr, wird ihm den Thron Davids, seines Vaters, geben,
(33) und er wird über das Haus Jakob König sein in Ewigkeit,
und seiner Königsherrschaft wird kein Ende sein.

(34) Maria aber sprach zum Engel: Wie wird dies geschehen, da ich keinen Mann kenne?

(35) Und der Engel antwortete und sprach zu ihr:
Heiliger Geist wird über dich kommen,
und Kraft des Höchsten wird dich überschatten,
deshalb wird das erzeugte Heilige
Sohn Gottes genannt werden.

(36) *Und siehe, Elisabet, deine Verwandte, auch sie wurde mit einem Sohn schwanger in ihrem Alter, und dies ist der sechste Monat für sie, die unfruchtbar genannt wird. (37) Denn von Gott aus ist kein Ereignis unmöglich.*

(38) Maria aber sprach: Siehe, die Sklavin des Herrn; mir geschehe, wie du gesagt hast.
Und der Engel ging weg von ihr.«

Redaktion

V. 26: Das Datum (»im sechsten Monat«) bezieht sich auf die Notiz in 1,24, daß Elisabet sich fünf Monate verbarg, und dient der redaktionellen Verknüpfung beider Geschichten. Der Engel Gabriel ist aus 1,5–25 bekannt. Nazareth in Galiläa ist eine mögliche historische Reminiszenz an den Geburtsort Jesu. Weil der Messias aber entsprechend der alttestamentlichen Prophezeiung Micha 5,1f aus

Bethlehem kommen »mußte« (s. unten S. 109), läßt Lukas die Eltern Jesu später dorthin reisen (2,1 ff).

V. 27 führt Maria und Joseph ein, wobei Maria recht umständlich als Josephs Verlobte vorgestellt wird.

V. 28 f: Die Szene entspricht 1,11 f: Die Erschütterung des Zacharias korrespondiert mit der Bestürzung Marias.

V. 30–33: Die beiden fünfzeiligen Strophen, in die die Worte des Engels gefaßt sind, entsprechen durchgehend nicht lukanischem Stil.

V. 34 f: Die Frage der Maria läßt sich mit V. 27 schwerlich vereinbaren: Eine Braut kann kaum darüber erstaunt sein, daß ihr ein Kind verheißen wird, und zwar auch dann nicht, wenn sie mit ihrem Verlobten zur Zeit noch keinen geschlechtlichen Umgang hat. Deshalb hat man vermutet, in V. 34–35 liege ein sekundärer lukanischer Zusatz vor, der den Gedanken der Jungfrauengeburt in die ursprüngliche Geschichte eintrage (Bultmann 1995: 321 f). Dagegen spricht jedoch, daß Lukas in den folgenden Erzählungen, die von der Erfüllung der Verheißung handeln (mit Ausnahme von 2,21), keine Verbindung zur Verheißungsszene herstellt und insbesondere die jungfräuliche Empfängnis weder im Evangelium noch in der Apg jemals wieder erwähnt (vgl. Dibelius 1953: 9–16).

Wahrscheinlicher ist es deshalb, daß nicht die Jungfrauengeburt, sondern in V. 27 *Joseph* sekundär in die Erzählung eingefügt wurde, zumal dieser in der folgenden, ganz auf Maria ausgerichteten Geschichte (V. 28–38) überhaupt keine Rolle mehr spielt.

V. 36 f, der auf 1,24.26 zurückweist, ist redaktionell und dient der Verkoppelung der beiden Erzählstränge.

V. 38 überbietet die Verkündigung an Zacharias. Während dieser verstummen muß, fügt Maria sich in den Willen des Engels.

Fazit: Lukas hat eine ihm vorliegende Erzählung von der Verkündigung an Maria in die Johannesgeschichte eingefügt, sie mit ihr durch V. 26 und V. 36 f verknüpft und Joseph (V. 27) hinzugefügt. Daß er dabei den offensichtlichen Widerspruch von V. 27 und V. 34 in Kauf nahm, mag sich daraus erklären, daß er sich vorstellte, die Empfängnis erfolge im Moment der Ankündigung, genauer: das Angekündigte trete mit Marias Bereitschaftserklärung (»Mir geschehe, wie du gesagt hast«) ein.

Indem Lukas die Geschichte mit der Erzählung von der Ankündigung an Zacharias parallelisiert, überbietet er diese zugleich durch das Motiv der jungfräulichen Empfängnis.

Tradition

Die Legende geht wohl auf jüdisch-hellenistische Kreise zurück, welche die Geistzeugung, die wahre Sohnschaft des Messias und die Jungfrauengeburt in einem festhalten wollten (vgl. dazu oben S. 76–79).

Die strukturellen Entsprechungen zur Geschichte von der Ankündigung der Geburt des Johannes erklären sich daraus, daß beide Erzählungen dem Muster alttestamentlicher Geburtsankündigungen folgen (vgl. dazu oben S. 97).

Historisches

Der durchgehend legendarische Charakter der traditionellen Geschichte erweist sie als unhistorisch.

Lk 1,39–45:
Der Besuch der Maria bei Elisabet

»(39) *Maria aber machte sich auf in diesen Tagen und ging eilends in das Bergland zu einer Stadt in Juda (40) und kam in das Haus des Zacharias und begrüßte Elisabet. (41) Und es begab sich, als Elisabet den Gruß Marias hörte, hüpfte das Kind in ihrem Leibe. Und Elisabet wurde vom heiligen Geist erfüllt (42) und rief laut und sprach: Gepriesen bist du unter den Frauen, und gepriesen ist die Frucht deines Leibes! (43) Und wie geschieht das, daß die Mutter meines Herrn zu mir kommt? (44) Denn siehe, als ich die Stimme deines Grußes hörte, hüpfte das Kind vor Freude in meinem Leibe. (45) Und selig bist du, die du geglaubt hast! Denn es wird vollendet werden, was dir gesagt ist vom Herrn.*«

Redaktion

V. 39f: Der Gang Marias zu Elisabet ist durch den Hinweis des Engels in 1,36 motiviert. »Bergland« ist aus 1,65 übernommen.

V. 41a: Durch das Hüpfen des Kindes im Mutterleib wird die Unterlegenheit des Täufers unterstrichen: Schon vor der Geburt übt Johannes seine »prophetische Vorläufer-Funktion« (Bovon 1989: 85) aus. Wahrscheinlich hat Lk 1,15 auf die Formulierung dieses Verses eingewirkt.

V. 41b entspricht wörtlich dem redaktionellen Vers 1,67.

V. 42: Durch die Seligpreisung ordnet sich Elisabet selbst der Maria und ihrem noch ungeborenen Kind unter.

V. 43: Eine Antwort auf die Frage der Elisabet wird nicht gegeben und auch nicht erwartet: Vielmehr hebt »wie geschieht das?« wiederum die Überlegenheit Marias und damit ihres Kindes über den Täufer und seine Mutter hervor.

V. 44 wiederholt V. 41a in großer wörtlicher Übereinstimmung in der 1. Ps. Sg.

V. 45 weist auf die Prophezeiung des Engels und Marias Reaktion im Abschnitt 1,26–38 zurück. Davon kann Elisabet freilich eigentlich ebensowenig wie von der Schwangerschaft Marias (V. 42) wissen. Daß sie trotzdem darauf zu sprechen kommt, erklärt sich für Lukas wohl daraus, daß sie als vom heiligen Geist Erfüllte spricht.

Fazit: Der Abschnitt dient der Verknüpfung zwischen den Täufer- und den Jesus-Stücken und zugleich der Betonung der Überlegenheit Jesu gegenüber dem Täufer. Er ist in toto redaktionell und hat keinen historischen Hintergrund.

Lk 1,46–56:
Der Lobgesang der Maria (»Magnificat«)

»(46) *Und Maria sprach:*
Meine Seele erhebt den Herrn,
(47) und mein Geist freut sich Gottes, meines Heilandes;
(48) denn er hat die Niedrigkeit seiner Sklavin angesehen.
Denn siehe, von nun an werden mich selig preisen alle Kindeskinder.
(49) Denn der Mächtige hat große Dinge an mir getan,
und heilig ist sein Name.
(50) Und seine Barmherzigkeit währt von Geschlecht zu Geschlecht
bei denen, die ihn fürchten.
(51) Er übt Gewalt mit seinem Arm
und zerstreut, die hoffärtig sind in ihres Herzens Sinn.
(52) Er stößt die Gewaltigen vom Thron
und erhebt die Niedrigen.
(53) Die Hungrigen füllt er mit Gütern
und läßt die Reichen leer ausgehen.
(54) Er hat sich Israels, seines Knechtes, angenommen,
zu gedenken der Barmherzigkeit,
(55) wie er geredet hat zu unseren Vätern,
Abraham und seinen Kindern in Ewigkeit.
(56) *Und Maria blieb bei ihr etwa drei Monate; danach kehrte sie wieder heim.«*

Redaktion

V. 46a: In mehreren lateinischen Handschriften steht anstelle von »Maria« der Name Elisabet. Nach *Lukas* aber ist ohne Zweifel Maria die Sprecherin des Hymnus. Dennoch stellt sich – unabhängig von der Textkritik – die Frage, ob das Lied auf der vorredaktionellen Ebene als Elisabet-Hymnus überliefert war (s. unten).

V. 46b–55: Der Hymnus, der nach dem ersten Wort der lateinischen Übersetzung von V. 46b üblicherweise »Magnificat« (= »Es erhebt«) genannt wird, ist in die Geschichte vom Besuch der Maria bei Elisabet eingefügt (vgl. ähnlich Ex 15,1–18; Num 23f; Dtn 32; Ri 5 usw.) und läßt weder sprachlich noch inhaltlich mit Sicherheit einen Eingriff der Redaktion erkennen. Einzige Ausnahme ist *V. 48b*, der die Beziehung zur Situation herstellt und zudem einen Subjektwechsel von Gott zu den Kindeskindern aufweist (zu V. 48a s. unten).

V. 56 ist der redaktionelle Abschluß der Erzählung vom Besuch der Maria bei Elisabet. Die »drei Monate« ergeben mit 1,26 insgesamt neun Monate und leiten zur folgenden Geschichte von der Geburt des Täufers über.

Fazit: Lukas hat einen vorgegebenen Psalm aufgegriffen und ihn im Rahmen der von ihm geschaffenen Szene von der Begegnung der beiden werdenden Mütter (1,39–45.56) der Maria in den Mund gelegt, um ihr Elisabet noch deutlicher unterzuordnen und die Hochschätzung der Maria zu legitimieren (V. 48b). Gegen die These, Lukas habe den Psalm im Stile der Septuaginta selbst komponiert, spricht nicht nur V. 48b, sondern auch, daß unter dieser Voraussetzung deutlichere Bezüge zum Kontext zu erwarten wären (von einer Schwangerschaft bzw. Geburt ist ja gar nicht die Rede).

Tradition

Der erste Teil des traditionellen Hymnus trägt Züge eines individuellen Dankliedes (V. 46b–49), der zweite (V. 50–53) beschreibt das allgemeine Handeln Gottes mit den Menschen, wobei V. 52a.b/53a.b chiastisch formuliert sind (A-B-B-A), der dritte die besondere Zuwendung Gottes zu Israel (V. 54f).

Für jeden einzelnen Vers lassen sich zahlreiche alttestamentliche Parallelwendungen beibringen (vgl. die Kommentare); am stärksten aber hat wohl das Lied der vormals unfruchtbaren Hanna nach der Geburt Samuels (1Sam 2,1–10) eingewirkt, das der Vf. zweifellos kennt:

»(1) Und Hanna betete und sprach:
Mein Herz ist fröhlich in dem Herrn,
mein Haupt ist erhöht in dem Herrn.
Mein Mund hat sich weit aufgetan wider meine Feinde,
denn ich freue mich deines Heils.
(2) Es ist niemand heilig wie der Herr, außer dir ist keiner,
und ist kein Fels, wie unser Gott ist.
(3) Laßt euer großes Rühmen und Trotzen,
freches Reden gehe nicht aus eurem Munde;
denn der Herr ist ein Gott, der es merkt,
und von ihm werden Taten gewogen.
(4) Der Bogen der Starken ist zerbrochen,
und die Schwachen sind umgürtet mit Stärke.
(5) Die da satt waren, müssen um Brot dienen,
und die da Hunger litten, hungern nicht mehr.
Die Unfruchtbare hat sieben geboren,
und die viele Kinder hatte, welkt dahin.
(6) Der Herr tötet und macht lebendig,
führt hinab zu den Toten und wieder herauf.
(7) Der Herr macht arm und macht reich;
er erniedrigt und erhöht.
(8) Er hebt auf den Dürftigen aus dem Staub
und erhöht den Armen aus der Asche,
daß er ihn setze unter die Fürsten
und den Thron der Ehre erben lasse.
Denn der Welt Grundfesten sind des Herrn,
und er hat die Erde darauf gesetzt.
(9) Er wird behüten die Füße seiner Heiligen,
aber die Gottlosen sollen zunichte werden in Finsternis;
denn viel Macht hilft doch niemandem.
(10) Die mit dem Herrn hadern, sollen zugrunde gehen.
Der Höchste im Himmel wird sie zerschmettern,
der Herr wird richten der Welt Enden.
Er wird Macht geben seinem Könige
und erhöhen das Haupt seines Gesalbten.«

Die Ähnlichkeit von Lk 1,46–55 mit diesem Lied ist ein starkes Argument für die Annahme, daß das Magnificat ursprünglich als Hymnus der Elisabet überliefert war. Denn diese war – im Gegensatz zu Maria – ebenso wie Hanna längere Zeit unfruchtbar. Zusätzlich gestützt wird diese Annahme durch das an V. 48a erinnernde Gelübde der noch kinderlosen Hanna in 1Sam 1,11: »Herr Zebaoth, wirst du das Elend deiner Sklavin ansehen... und deiner Sklavin einen Sohn geben, so will ich ihn dem Herrn geben sein Leben lang ...«

Geht man dagegen davon aus, der traditionelle Psalm sei ursprünglich unabhängig von Elisabet gewesen, muß man wohl auch V. 48a auf Lukas zurückführen, der dann die Selbstbezeichnung Marias als »Sklavin« aus Lk 1,38 übernommen und unter der »Niedrigkeit« nicht die Schmach der Unfruchtbarkeit, sondern eine demütige Haltung verstanden hätte.

Historisches

Das Magnificat mag ursprünglich als Psalm der Elisabet überliefert worden sein oder nicht – weder diese noch Maria hat den Psalm jemals gesprochen. Das geht schon daraus hervor, daß der szenische Rahmen, in dem es gesprochen sein will, reine Fiktion ist.

Zur historischen Frage hat bereits David Friedrich Strauss ironisch bemerkt, es könne nicht so zugehen, »dass sich besuchende Freundinnen auch bei noch so ausserordentlichen Ereignissen in solche Hymnen ausbrechen, und ihre Unterhaltung die Farbe eines Dialoges so ganz verliert«. Sei der Hymnus aber als Wirkung des Heiligen Geistes aufzufassen, »so muss es auffallend gefunden werden, dass eine, unmittelbar aus der göttlichen Quelle der Begeisterung geflossene Rede nicht origineller ausgefallen ist, sondern so stark mit Reminiscenzen aus dem A.T., namentlich aus dem, unter verwandten Umständen gesprochenen Lobgesange der Mutter Samuels... besetzt sich zeigt« (1838: 250).

Lk 2,1–21:
Die Geburt Jesu

»(1) *Es begab sich aber in jenen Tagen, daß ein Gebot von Kaiser Augustus ausging, daß der ganze Erdkreis geschätzt würde.* (2) *Diese Schätzung war die erste; damals war Quirinius Statthalter von Syrien.* (3) *Und alle gingen, um sich schätzen zu lassen, jeder in seine Stadt.* (4) *Es machte sich auf aber auch Joseph aus Galiläa, aus der Stadt Nazareth, nach Judäa in die Stadt Davids, die Bethlehem heißt, weil er aus dem Haus und Geschlecht Davids war,* (5) *um sich schätzen zu lassen mit Maria, seiner Verlobten, die schwanger war.*

(6) *Es geschah aber, als sie dort waren,* daß die Tage ihrer Niederkunft kamen. (7) Und sie gebar ihren erstgeborenen Sohn und wickelte ihn in Windeln und legte ihn in eine Krippe, weil in der Herberge kein Platz für sie war.

(8) Und es lagerten Hirten in derselben Gegend und hielten Nachtwache bei ihrer Herde. (9) Und der Engel des Herrn trat zu ihnen, und die Herrlichkeit des Herrn leuchtete um sie; und sie fürchteten sich sehr.

(10) Und der Engel sprach zu ihnen: Fürchtet euch nicht! Denn siehe, ich

verkündige euch eine große Freude, die dem ganzen Volk zuteil werden soll; (11) denn euch ist heute der Retter geboren, *welcher ist Christus, der Herr*, in der Stadt Davids. (12) Und das (sei) euch das Zeichen: Ihr werdet finden ein Kind in Windeln gewickelt und in einer Krippe liegen.

(13) Und plötzlich war bei dem Engel die Menge der himmlischen Heerscharen, die Gott lobten und sprachen: (14) Ehre sei Gott in der Höhe und auf Erden Frieden bei den Menschen seines Wohlgefallens.

(15) Und es geschah, als die Engel sie in den Himmel verlassen hatten, da sagten die Hirten zueinander: Laßt uns nun gehen nach Bethlehem und die Geschichte sehen, die geschehen ist, die uns der Herr kundgetan hat. (16) Und sie kamen eilend und fanden beide, Maria und Joseph, dazu das Kind in der Krippe liegen. (17) Als sie es aber gesehen hatten, breiteten sie das Wort aus, das zu ihnen von diesem Kind gesagt worden war. (18) Und alle, die es hörten, wunderten sich über das, was ihnen die Hirten gesagt hatten. (19) *Maria aber behielt alle diese Worte und bewegte sie in ihrem Herzen.* (20) Und die Hirten kehrten zurück, priesen und lobten Gott für alles, was sie gehört und gesehen hatten, wie es ihnen gesagt worden war.

(21) *Und als acht Tage um waren und man das Kind beschneiden mußte, gab man ihm den Namen Jesus, wie er genannt war von dem Engel, ehe er im Mutterleib empfangen war.*«

Redaktion

V. 1–5: Mit dem Zensusmotiv stellt Lukas die Geburtsgeschichte in den Zusammenhang der Weltgeschichte (vgl. oben S. 93 f zu Lk 1,5). Die durch den Zensus erforderliche Reise des Joseph in seinen Heimatort ermöglicht es ihm außerdem, in der Erzählung die heilsgeschichtliche Notwendigkeit der Geburt des Messias in Bethlehem (vgl. Micha 5,1 f) zu berücksichtigen.

Indem Lukas Maria als Josephs Verlobte bezeichnet, stellt er eine Verbindung der Geschichte zu 1,26–38 her (s. unten). Vom Kontext her muß aber Maria bereits die Ehefrau des Joseph sein. Denn als Verlobte würde sie noch zum Haus ihres Vaters zählen und weder mitreisen können noch dürfen.

V. 6–7a: Die Angabe »als sie dort waren« bezieht sich auf Bethlehem (V. 4) und geht demnach ebenfalls auf Lukas zurück. In der knapp berichteten Geburt kommt die Weissagung aus 1,26–38 zur Erfüllung, ohne daß auf sie ausdrücklich Bezug genommen würde.

V. 7b: Der Satz »und legte ihn... kein Platz für sie war« erfolgt unvermittelt. Von einer Herberge war vorher ja noch nicht die Rede.

V. 8 bringt einen Szenenwechsel und leitet eine in sich geschlossene Erzählung von der Verkündigung der Geburt an die Hirten ein.

V. 9: In typischer Weise wird von der Erscheinung eines Engels mit Lichtglanz und von der Reaktion der Hirten berichtet.

V. 10–12: Ebenso typisch ist die Formel »Fürchtet euch nicht«, mit der der Engel seine Rede einleitet (vgl. auch Lk* 1,11–13). Gegenüber der Engelsbotschaft in 1,32 f ist der christologische Schwerpunkt in V. 11 ein anderer: Wird dort die königliche Funktion des Kindes entfaltet, so liegt hier der Akzent auf der soteriologischen Funktion Jesu (»Retter«) – ein Indiz für die Unabhängigkeit der jeweils zugrunde liegenden Traditionen (s. unten). Die Krippe als Zeichen weist auf V. 7 zurück.

V. 13 f: Die Engelsbotschaft wird durch einen Lobpreis der himmlischen Heerscharen ergänzt.

V. 15–18 berichten von der Reaktion der Hirten auf die Engelsbotschaft. Wie in V. 12 angekündigt, finden sie das Kind in der Krippe.

V. 19 entspricht 2,51b und ist redaktionell. Zweifellos ist Lukas der Meinung, daß Maria die Quelle seiner Erzählungen, zumindest der Verkündigungsgeschichte, gewesen ist. Jedoch läßt sich die Annahme, daß er in V. 19 (und 2,51b) einen ausdrücklichen Hinweis auf Maria als Garantin seiner Tradition geben wolle, nicht halten, da er seine Quellen auch sonst nicht nennt. Vielmehr zeigt sich hier das besondere Interesse des Lukas an der Person der Maria selbst. V. 19 erweist sie quasi als gläubige Christin, wie im nachhinein aus einer Anwendung des Sämannsgleichnisses hervorgeht: »Das aber auf dem guten Land sind die, die das Wort hören und behalten in einem feinen, guten Herzen und in Geduld Frucht bringen« (Lk 8,15).

V. 20 rundet die Erzählung mit einem Chorschluß ab.

V. 21 steht für sich. Er weist auf die Ankündigungsgeschichte zurück und ist eine redaktionelle Bildung in Analogie zur Johanneserzählung (vgl. 1,59).

Fazit: Lukas hat eine Erzählung von der Verkündigung der Geburt an die Hirten aufgenommen und sie mit einer neuen Einleitung (V. 1–5) versehen. Deutlich ist, daß diese Erzählung auf der vorredaktionellen Ebene nicht die Fortsetzung der Ankündigungsgeschichte (1,26–38) gewesen sein kann. Denn es deutet nichts auf eine wunderbare Empfängnis hin, und Maria erfährt offensichtlich erst durch den Besuch der Hirten, was es mit ihrem Kind auf sich hat. Die Schwierigkeit, die beiden traditionellen Geschichten zu verknüpfen, lag darin, daß in der Ankündigungsgeschichte Joseph nicht vorkam, während die Hirtengeschichte von einem gewöhnlichen Ehepaar handelte. Lukas hat das Problem gelöst, indem er

Joseph zur ersten Geschichte hinzufügte und die Ehefrau Maria in der zweiten zur Verlobten machte.

Tradition

Der Grundstock von V. (6–7.)8–20 ist eine ursprünglich selbständige und »im ganzen einheitliche Erzählung von der Offenbarung der Messiasgeburt an die Hirten« (Schneider 1977: 65), eine Verkündigungserzählung, deren Anfang durch die redaktionelle Vorschaltung des Zensusmotivs überdeckt wurde und nicht mehr rekonstruierbar ist. Er ist in V. 6–7 wohl nur noch fragmentarisch erhalten.

Das plötzliche Erscheinen einer großen Schar von Engeln, die zu dem einen Engel hinzutritt, der schon anwesend ist, läßt fragen, ob nicht V. 13–15a im Laufe der Überlieferung zu der Geschichte hinzugewachsen sind.

Die Begriffe »verkündigen« (V. 10) und »Retter« (V. 11) sprechen für eine Entstehung der Legende im hellenistischen Christentum. Auch das Motiv der Verkündigung der Geburt an die Hirten weist in diese Richtung. Denn im Judentum wurden Hirten keineswegs als besonders fromm angesehen; ihr Beruf wurde vielmehr geradezu verachtet (vgl. die Belege bei Dibelius 1953: 64f). Dagegen nehmen Hirten in orientalischen und vor allem griechischen Sagen eine herausgehobene Stellung ein. Hier übt der Hirt einen der Gott wohlgefälligen Berufe aus und erinnert an die Urzeit, in der Götter noch mit Menschen verkehrten. In seinem beschaulichen Dasein gilt er als besonders befähigt, göttliche Stimmen zu vernehmen (vgl. Dibelius 1953: 72f).

Die Erwartung, daß der Messias aus Bethlehem, der Heimatstadt Davids (1Sam 17,12–15; 20,6), kommen werde, ist im Judentum verbreitet. Man vgl. Targum Micha 5,1:

»Du Bethlehem – wie eine geringe bist du gewesen, um zu den Tausendschaften des Hauses Jehuda gezählt zu werden –, aus dir soll von mir hervorgehen der Messias, um die Herrschaft über Israel zu führen, dessen Name genannt ist seit Anfang, seit den Tagen der Welt« (Billerbeck I, S. 83).

Historisches

Der historische Ertrag der lukanischen Kindheitsgeschichte bezüglich der Geburt Jesu ist praktisch gleich Null (vgl. oben S. 87f zu Mt 2,1–23).

Lk 2,22–40:
Die Darstellung Jesu im Tempel. Symeon und Hanna

»(22) *Und als die Tage ihrer Reinigung nach dem Gesetz des Mose um waren, brachten sie ihn nach Jerusalem, um ihn dem Herrn darzustellen,* (23) *wie geschrieben steht im Gesetz des Herrn:* ›Alles Männliche, das zuerst den Mutterschoß durchbricht, soll dem Herrn geheiligt heißen‹, (24) *und um das Opfer darzubringen, wie es gesagt ist im Gesetz des Herrn:* ›ein paar Turteltauben oder zwei junge Tauben‹.

(25) Und siehe, ein Mann war in Jerusalem, mit Namen Symeon; und dieser Mann war fromm und gottesfürchtig und wartete auf den Trost Israels, und der heilige Geist war mit ihm. (26) Und ein Wort war ihm zuteil geworden von dem heiligen Geist, er solle den Tod nicht sehen, er habe denn zuvor den Christus des Herrn gesehen. (27) Und er kam auf Anregen des Geistes in den Tempel. Und als die Eltern das Kind Jesus in den Tempel gebracht hatten, um mit ihm zu tun, wie es Brauch ist nach dem Gesetz, (28) da nahm er ihn auf seine Arme und lobte Gott und sprach:
(29) Herr, nun läßt du deinen Diener in Frieden fahren, wie du gesagt hast;
(30) denn meine Augen haben dein Heil gesehen,
(31) das du bereitet hast vor allen Völkern,
(32) ein Licht, zu erleuchten die Heiden und zum Preis deines Volkes Israel.

(33) Und sein Vater und seine Mutter verwunderten sich über das, was von ihm gesagt wurde. (34) Und Symeon segnete sie und sprach zu Maria, seiner Mutter: Siehe, dieser ist gesetzt zum Fall und zum Aufstehen für viele in Israel und zu einem Zeichen, dem widersprochen wird – (35) *und auch durch deine Seele wird ein Schwert dringen* –, damit vieler Herzen Gedanken offenbar werden.

(36) Und es war eine Prophetin, Hanna, eine Tochter Phanuels, aus dem Stamm Asser; die war hochbetagt. Sie hatte sieben Jahre mit ihrem Mann gelebt, nachdem sie geheiratet hatte, (37) und war nun eine Witwe an die vierundachtzig Jahre; die wich nicht vom Tempel und diente Gott mit Fasten und Beten Tag und Nacht. (38) Die trat auch hinzu zu derselben Stunde und pries Gott und redete von ihm zu allen, die auf die Erlösung Jerusalems warteten.

(39) *Und als sie alles vollendet hatten nach dem Gesetz des Herrn, kehrten sie wieder zurück nach Galiläa, in ihre Stadt Nazareth.* (40) *Das Kind aber wuchs und wurde stark, voller Weisheit, und Gottes Gnade war bei ihm.*«

Redaktion

V. 22–24 leiten die beiden folgenden Szenen ein und dienen dazu, einen Grund für Jesu Anwesenheit im Tempel zu geben. Die Unkenntnis jüdischer Gesetzesvorschriften erweist diese Einleitung als redaktionell: Der Vf. denkt, daß Mutter *und* Kind (oder Vater?) gereinigt werden müssen. Tatsächlich war nur die Reinigung der

Mutter 33 Tage nach der Beschneidung notwendig (Lev 12,2–8). Für eine Darstellung des Erstgeborenen im Tempel gab es dagegen überhaupt keine Gesetzesvorschrift.

Lukas ist auch sonst mit dem jüdischen Gesetz nicht recht vertraut, wie die beiden folgenden Beispiele belegen: a) Apg 16,3 setzt voraus, der Status des Timotheus werde durch seinen griechischen Vater – und nicht, wie im Judentum bei Mischehen üblich, durch seine jüdische Mutter – bestimmt (vgl. Lüdemann 1987: 180–182); b) Lukas nimmt an, ein Nasiräat dauere sieben Tage (Apg 21,27); in Wirklichkeit erstreckte es sich über mindestens dreißig Tage (vgl. Billerbeck II, S. 80–88).

V. 25–28 führen Symeon ein. In einer messianischen Naherwartung lebend, kommt er just zu dem Zeitpunkt in den Tempel, in dem Joseph und Maria das Kind hineinbringen.

V. 29–32: Mit einem prophetischen Loblied (dem sog. »Nunc dimittis«) preist er Gott für die Erfüllung der ihn persönlich betreffenden Offenbarung (V. 26) und für das in Jesus verwirklichte universale, auch die Heidenvölker umfassende Heil (in V. 31 bezeichnet das ansonsten für das Gottesvolk reservierte Wort *laos* im Plural die Heiden; anders V. 32a: *ethnos*).

V. 33: Vater und Mutter Jesu wundern sich über Symeons Worte – eine nach 1,26 ff und 2,8 ff mehr als erstaunliche Reaktion.

Interessant ist, daß etliche Textzeugen »sein Vater« durch »Joseph« ersetzen. Dahinter verbirgt sich die Tendenz, die Vaterschaft Josephs in den Hintergrund zu drängen, da sie im Kontext der Jungfrauengeburt als unpassend empfunden wurde.

V. 34–35: Symeon ergreift noch einmal die Initiative. Er segnet die Eltern und spricht Maria direkt an. Indem er von der Entscheidung redet, in die Jesus das Volk Israel bringen wird, verengt sich gewissermaßen die universale Perspektive der V. 31 f. Das Wort vom Schwert (V. 35a) ist eine etwas ungeschickte, wohl lukanische Einfügung: Es läßt im Kontext von V. 34.35b an einen Widerspruch der Mutter zum Sohn denken, soll aber den Schmerz der Mutter bei der Passion Jesu prophezeien.

V. 36–38: Die zweite Szene ist ein reiner Bericht über die Prophetin Hanna, von der »allerlei gesagt wird… und die doch selber nichts zu sagen hat« (Dibelius 1961: 123).

V. 39, der die Geschichte abrundet, ist Lk 2,51a ähnlich und weist auf V. 22 zurück.

V. 40 ist redaktionell; vgl. die Parallele zu Johannes in Lk 1,66b.80 und außerdem Lk 2,52.

Fazit: Die Redaktion des Lukas wird nur in der Rahmung der Erzählung und in der Einführung des Motivs der Schmerzensmutter in V. 35a sichtbar.

Tradition

Die Lukas vorgegebene Geschichte dürfte sowohl das Nebeneinander der unterschiedlichen Weissagungen Symeons in V. 29–32 und V. 34f als auch die sekundär angefügte Hanna-Szene bereits enthalten haben. Hätte Lukas nämlich einen der beiden Symeon-Sprüche selbst geschaffen bzw. eingefügt, wäre nicht einsichtig, warum er ihn nicht der »sprachlosen« Prophetin in den Mund legte.

Sicher ist, daß die Symeon-Legende ursprünglich eine selbständige Einzelgeschichte war, die weder die Ankündigungs- noch die Hirtengeschichte voraussetzte. Denn die Weissagung des Symeon ist nur sinnvoll und eindrücklich, wenn sie die erste ist, und das Erstaunen der Eltern (V. 33) läßt sich nur erkären, wenn ihnen vorher nichts davon bekannt war, daß ihr Kind zum Retter bestimmt ist (vgl. Bultmann 1995: 327; Dibelius 1961: 124).

Historisches

Die Geschichte projiziert den nachösterlichen Glauben an Jesus in seine Kindheit. Ihr historischer Wert ist deshalb gleich Null.

Lk 2,41–52:
Der zwölfjährige Jesus im Tempel

»(41) Und seine Eltern gingen jedes Jahr nach Jerusalem zum Passafest. (42) Und als er zwölf Jahre alt war, gingen sie hinauf nach dem Brauch des Festes. (43) Und als die Tage vorüber waren und sie wieder nach Hause gingen, blieb der Knabe Jesus in Jerusalem zurück, und seine Eltern wußten es nicht. (44) Sie meinten aber, er sei unter den Gefährten, und sie kamen eine Tagesreise weit und suchten ihn unter den Verwandten und Bekannten. (45) Und da sie ihn nicht fanden, kehrten sie zurück nach Jerusalem und suchten ihn.

(46) Und es begab sich nach drei Tagen, da fanden sie ihn im Tempel sitzen, mitten unter den Lehrern, wie er ihnen zuhörte und sie fragte. (47) *Alle aber, die ihm zuhörten, verwunderten sich über seinen Verstand und seine Antworten.*

(48) Und als sie ihn sahen, entsetzten sie sich. Und seine Mutter sprach zu ihm: Kind, warum hast du uns das getan? Siehe, dein Vater und ich haben dich mit Schmerzen gesucht.

(49) Und er sprach zu ihnen: Warum habt ihr mich gesucht? Wißt ihr nicht, daß ich in dem sein muß, was meines Vaters ist?

(50) Und sie verstanden das Wort nicht, das er zu ihnen sagte. (51) *Und er ging mit ihnen hinab und kam nach Nazareth und war ihnen untertan. Und seine Mutter behielt all diese Worte in ihrem Herzen.*

(52) *Und Jesus nahm zu an Weisheit, Alter und Gnade bei Gott und den Menschen.*«

Redaktion

V. 41–45 enthalten die Situationsangabe: Nach Beendigung einer Wallfahrt bleibt der zwölfjährige Jesus, von den Eltern unbemerkt, in Jerusalem zurück. Als die Eltern sein Fehlen bemerken, kehren sie um, um ihn zu suchen.

V. 46 berichtet vom Erfolg der Suche: Joseph und Maria finden Jesus unter den Lehrern im Tempel.

V. 47: War in V. 46 Jesus derjenige, der zuhörte und Fragen stellte, ist hier vorausgesetzt, daß er auch Antworten gibt. Die Annahme, daß hier ein redaktioneller Zusatz vorliegt, wird dadurch zwar noch nicht bewiesen; sie bestätigt sich jedoch dadurch, daß – abgesehen vom lukanischen Vokabular (vgl. Apg 9,21) –

in *V. 48* das Subjekt unvermittelt von den Zuhörern zu den Eltern wechselt. Auf die Frage der Mutter folgt mit der Antwort Jesu

in *V. 49* die Pointe der Geschichte: Jesus gehört als Sohn Gottes in das Haus seines Vaters. Im Zusammenhang des LkEv ist bei diesen Worten – übrigens den ersten, die aus dem Munde Jesu berichtet werden – wohl an die Zeugung Jesu durch den heiligen Geist und an die Jungfrauengeburt gedacht (vgl. später Lk 23,46).

V. 50: Die Eltern reagieren auf die Antwort ihres Kindes mit Unverständnis (vgl. 2,33). Der Satz »weist in die Zusammenhänge des Lebens Jesu und würde in einer Legende stören, die auf einen beglückenden Schluß hinausläuft« (Dibelius 1961: 103). Nimmt man aber an, er sei ein Zusatz des Lukas, müßte man zugleich annehmen, dieser habe den Widerspruch zum sicher redaktionellen V. 51b nicht empfunden.

V. 51a: Die »Nachricht über die Rückkehr nach Nazareth ist kein notwendiger Teil der Legende« (Dibelius 1961: 103) und dürfte daher auf Lukas zurückgehen (vgl. 2,39).

V. 51b klingt an 2,19 an und geht sicher auf Lukas zurück (zum Gegensatz zu V. 50 s. oben). Ebenso ist

V. 52 redaktionell: Die Reifung des Kindes entspricht 1,80 und 2,40 und überbrückt gewissermaßen den Zeitraum bis zur Taufe und zum öffentlichen Auftreten des erwachsenen Jesus (3,21.23).

Fazit: Lukas hat eine in sich abgerundete Einzelgeschichte aufgenommen und sie in eigene Worte umgesetzt. Mit dem zusätzlichen V. 47 hat er der ungewöhnlichen Weisheit des Kindes gleichviel Gewicht gegeben wie der Pointe in V. 49b.

Tradition

Die ursprüngliche Einzelgeschichte setzte weder das Wunder der Verkündigung noch das der Geburt noch überhaupt eine Kenntnis der Eltern, daß ihr Kind der Messias ist, voraus.

Eine besonders autoritative Quelle darf man für diese Geschichte nicht in Anspruch nehmen. V. 51 (ebenso wie Mk 16,8) erklärt, warum die Geschichte erst relativ spät bekannt wurde. Zwar verstummen sowohl die Frauen, die das leere Grab entdeckt haben, und Maria, die die Worte des Zwölfjährigen vernommen hat, eine lange Zeit. Doch im Lichte des Ostergeschehens bzw. der Erfüllung der Verheißungen brechen sie schließlich ihr Schweigen.

Historisches

Die Episode ist unhistorisch. Martin Dibelius hat »an diesem schönsten Beispiel einer Jesus-Legende« die Frage der Historizität derartiger Erzählungen grundsätzlich erörtert. Er schreibt:

»Dem Erzähler einer solchen Personallegende ist die Gestalt seines Helden offenbar gegeben; er betrachtet sie als geschichtlich und reflektiert nicht weiter über die Möglichkeit ihrer Existenz. Das wesentliche Interesse ist nicht auf die Größe einer mehr oder minder wunderhaften Tat gerichtet..., sondern auf die Erbaulichkeit des Ganzen... Dieses leitende Interesse kann und wird in vielen Fällen zur ungeschichtlichen Mehrung des Wunderhaften, zur Verherrlichung des Helden, zur Verklärung seines Lebens führen. Man wird schlichte Vorgänge von himmlischem Licht umstrahlt werden lassen oder wird Motive aus anderen Legenden auf den Helden übertragen, um den Zusammenhang seines Lebens mit der himmlischen Welt darzustellen. Vor allem aber wird man sein Leben mit Zügen und Szenen ausschmücken, die dem Wesen der legendären Biographie entsprechen« (1961: 105).

Lk 3,23–38:
Der Stammbaum Jesu

»(23) *Und Jesus selbst war, als er auftrat, etwa* dreißig Jahre alt und war, *wie man meinte,* ein Sohn

von Joseph,
der von Eli,
(24) der von Mattat,
der von Levi,
der von Melchi,
der von Jannai,
der von Joseph,
(25) der von Mattitja,
der von Amos,
der von Nahum,
der von Hesli,
der von Naggai,
(26) der von Mahat,
der von Mattitja,
der von Schimi,
der von Josech,
der von Joda,
(27) der von Johanan,
der von Resa,
der von Serubbabel,
der von Schealtiel,
der von Neri,
(28) der von Melchi,
der von Addi,
der von Kosam,
der von Elmadam,
der von Er,
(29) der von Joschua,
der von Elieser,
der von Jorim,
der von Mattat,
der von Levi,
(30) der von Simeon,
der von Juda,
der von Joseph,
der von Jonam,
der von Eljakim,
(31) der von Melea,
der von Menna,

der von Mattata,
der von Nathan,
der von David,
(32) der von Isai,
der von Obed,
der von Boas,
der von Schelach,
der von Nachschon,
(33) der von Amminadab,
der von Admin,
der von Arni,
der von Hezron,
der von Perez,
der von Juda,
(34) der von Jakob,
der von Isaak,
der von Abraham,
der von Terach,
der von Nahor,
(35) der von Serug,
der von Regu,
der von Peleg,
der von Eber,
der von Schelach,
(36) der von Kenan,
der von Arpachschad,
der von Sem,
der von Noah,
der von Lamech,
(37) der von Metuschelach,
der von Henoch,
der von Jered,
der von Mahalalel,
der von Kenan,
(38) der von Enosch,
der von Set,
der von Adam,
der von Gott.«

Redaktion

V. 23a geht auf Lukas zurück; ebenso ist »wie man meinte« eine
Zwischenbemerkung des Redaktors, der jetzt eine auf physische
Abstammung aufgebaute Stammtafel bringen will, ohne doch die

vorher berichtete Jungfrauengeburt fallenzulassen (ähnliche Redaktionsarbeit findet sich bekanntlich Mt 1,16f; vgl. dazu oben S. 67f).

Tradition

Wie die Rückführung des Stammbaums bis hin zu Gott zeigt, geht der Stammbaum wahrscheinlich auf Kreise zurück, denen nicht nur – wie dem Vf. des matthäischen Stammbaums – daran gelegen war, die Davids- und Abrahamssohnschaft Jesu zu erweisen, sondern vor allem daran, Jesus als Ziel und Vollender der Heilsgeschichte darzustellen.

Da Joseph ohne jede Einschränkung als Vater Jesu gilt, lag die Jungfrauengeburt zur Zeit der Abfassung des Stammbaumes offensichtlich noch außerhalb des Gesichtsfeldes.

Alttestamentliche Parallelen finden sich z. B. in Gen 5,3–32 und 11,10–26, 36.

Historisches

Gegen die historische Zuverlässigkeit der Stammbäume bei Matthäus und Lukas spricht ihre weitgehende Unvereinbarkeit (nur in den Generationen von Abraham bis David stimmen sie einigermaßen überein, weil beide dem Alten Testament folgen; vgl. Ruth 4,18–22; 1Chr 2,1–14):

a) Matthäus führt den Stammbaum von David über Salomo, Lukas über Nathan weiter;

b) in beiden Stammbäumen tauchen zwar Schealtiel und sein Sohn Serubbabel auf (Mt 1,12; Lk 3,27); während Lukas zwischen Serubbabel und Jesus aber insgesamt 19 Namen nennt, finden sich bei Matthäus nur zehn;

c) schon der Name des Großvaters Jesu steht nicht fest (Mt 1,15f: Jakob; Lk 3,23: Eli).

An dem Urteil, daß weder dem matthäischen noch dem lukanischen Stammbaum historisch zuverlässige Nachrichten zugrunde liegen, vermag auch der Hinweis auf die Authentizität anderer zeitgenössischer Stammbäume und den hohen bürgerlichen und religiösen Wert, den man der Traditionspflege über die Legitimität der Abstammung im allgemeinen beimaß (Jeremias 1969: 331), nichts zu ändern. Denn dadurch wird nur das *Interesse* erklärbar, das zur Abfassung des Stammbaums Jesu führte.

Lk 4,16–30:
Die Predigt Jesu in Nazareth

»(16) Und er kam nach *Nazareth, wo er aufgezogen worden war*, und ging *nach seiner Gewohnheit* am Tag des Sabbats in die Synagoge *und stand auf, um zu lesen.* (17) *Und es wurde ihm das Buch des Propheten Jesaja gegeben, und als er das Buch öffnete, fand er die Stelle, wo geschrieben steht:*
(18) Der Geist des Herrn ist auf mir,
weil er mich gesalbt hat.
Um Armen die Frohbotschaft zu verkündigen,
hat er mich gesandt,
um Gefangenen Freilassung zu verkünden
und Blinden Sehen,
um Zerschlagene in Freiheit zu entlassen,
(19) um zu verkünden das Gnadenjahr des Herrn.

(20) *Und er schloß das Buch, gab es dem Diener zurück und setzte sich. Und aller Augen in der Synagoge waren auf ihn gerichtet.* (21) *Er begann aber zu ihnen zu reden: Heute ist diese Schrift vor euren Ohren erfüllt worden.*

(22) Und *alle gaben Zeugnis von ihm und* wunderten sich über die *Worte der Gnade, die aus seinem Munde kamen*, und sprachen: Ist dieser nicht *der Sohn Josephs*?

(23) *Und er sprach zu ihnen: Ihr werdet mir freilich dieses Sprichwort sagen:* Arzt, heile dich selbst! *Was, wie wir gehört haben, in Kapernaum geschehen ist, tue auch hier in deiner Vaterstadt!* (24) Er aber sprach: *Amen, ich sage euch:* Kein Prophet ist *willkommen* in seiner Vaterstadt.

(25) In Wahrheit aber sage ich euch: Viele Witwen waren in den Tagen Elias in Israel, als der Himmel drei Jahre und sechs Monate verschlossen war, als eine große Hungersnot über das ganze Land kam, (26) und zu keiner von ihnen wurde Elia geschickt außer nach Sarepta in Sidonien zu einer verwitweten Frau.

(27) Und viele Aussätzige waren in Israel unter Elias dem Propheten, und keiner von ihnen wurde geheilt als Naaman der Syrer.

(28) *Und alle in der Synagoge wurden von Wut erfüllt, als sie das hörten,* (29) *standen auf und stießen ihn hinaus aus der Stadt und führten ihn bis an einen Abhang des Berges, auf dem ihre Stadt gebaut war, um ihn hinunterzustürzen.* (30) *Er aber ging mitten durch sie und zog weg.*«

Redaktion

Dieser Abschnitt stellt – unter Verarbeitung von Mk 6 – die Antrittspredigt Jesu in seiner Heimatstadt Nazareth programmatisch an den Anfang des Auftretens Jesu. Er steht innerhalb des LkEv dort, wo bei Markus die Berufung der ersten Jünger erzählt wird (Mk 1,16–20). Lukas stellt also, indem er bewußt auf eine chronologische Ordnung verzichtet, einen typischen Vorgang an die Spitze: Die Verwerfung Jesu in Nazareth weist auf sein späteres Geschick voraus.

Gleichzeitig erweitert Lukas die Markus-Vorlage um drei Punkte: *erstens* um ein Jesus in den Mund gelegtes prophetisches Zeugnis in V. 18 f, *zweitens* um die Voraussage der Hinwendung des Heils zu den Heiden in V. 25–27 sowie *drittens* durch eine redaktionelle Abrundung des Geschehens, die das zu erwartende Geschick Jesu im Vorgriff zeigt (V. 28–30).

V. 16: Grundlage des Verses ist Mk 6,1 f. Lukas identifiziert die »Vaterstadt« Jesu mit Nazareth.

V. 17–20: Die von Jesus vorgelesenen Worte entsprechen Jes 61,1–2.

V. 21: Redaktionell ist die Verbindung zwischen Geschichte und Schrift wichtig. War bei Markus noch die »Zeit« erfüllt (Mk 1,15) und stand die Gottesherrschaft unmittelbar bevor (ebd.), so liegt bei Lukas eine Umbiegung vor. *Damals* – zur Zeit Jesu – wurde die Schrift erfüllt. Ebenso weist die Feindschaft der Mitbürger (V. 29) historisierend auf die Passion Jesu.

V. 22: Aus dem Sohn der Maria (Mk 6,3) wird bei Lukas der Sohn des Joseph. Die Erwähnung der Brüder und Schwestern Jesu wird ausgelassen.

V. 23 ist aus bewußter Kompositionsarbeit des Lukas zu erklären. Lukas verweist in konsequenter Historisierung auf Jesu künftige Taten in Kapernaum, die anschließend auch erzählt werden.

V. 24: Aus der Dreierreihe Mk 6,4 streicht Lukas nicht nur – wie Matthäus – die Verwandten, sondern auch das Haus; galt der Prophet bei Markus als »ehrlos«, so ist er hier »nicht willkommen«.

V. 25–27 sind eine üble antijüdische Polemik des Lukas. Das Heil geht weg von den Juden zu den Heiden (vgl. ähnlich Mt 8,11 f). Der Gegensatz an dieser Stelle besteht bereits zwischen Israel und den Heiden (= Sidon, Syrien). Zwei Belege aus dem Alten Testament werden dafür angeführt, daß die Wirksamkeit eines Propheten den Angehörigen eines fremden Volkes zugute kommt statt seinen eigenen Landsleuten.

V. 28–30 zeigen, wie Lukas V. 25–27 verstanden wissen wollte. Die jüdischen Volksgenossen Jesu sind unrettbar verloren, wie sich an ihrer Wut Jesus gegenüber zeigt. Das Heil *muß* zu den Heiden gehen (vgl. auch den Schluß der Apg).

Tradition
V. 18–19: Die Jes 61,1f entsprechenden Worte wurden Jesus im Rahmen der frühchristlichen Aufarbeitung des alttestamentlichen Erfüllungsgedankens in den Mund gelegt.

Historisches
V. 18–19: Jes 61,1f hat Jesus schon deswegen nicht gesprochen, da die Verse in der Septuaginta-Fassung zitiert werden.

V. 25–27 sind unhistorisch, da Jesus keine Heidenmission betrieben hat.

Da alles andere auf der Grundlage des Markus-Berichtes weiterentwickelt ist, sei zur historischen Frage auf die Markus-Perikope und ihre Analyse verwiesen (s. oben S. 61f).

Lk 8,19–21:
Die wahren Verwandten Jesu

»(19) Es kamen aber seine Mutter und seine Brüder zu ihm und konnten nicht zu ihm gelangen wegen der Menge. (20) Ihm aber wurde gesagt: Deine Mutter und deine Brüder stehen draußen und wollen dich sehen. (21) Er aber antwortete und sprach zu ihnen: Meine Mutter und meine Brüder sind diese, die das *Wort* Gottes *hören und* tun.«

Redaktion
Der Abschnitt ist aus dem Zusammenhang gelöst, in dem er bei Markus (vgl. Mk 3,31–35) steht. Die lukanische Pointe entspricht der des Markus. Die wahren Verwandten Jesu sind diejenigen, die Gottes Wort hören und tun (Mk 3,35: die den Willen Gottes tun). Mk 3,21 wird von Lukas (ebenso wie von Matthäus) zum Zwecke der Milderung gestrichen.

Tradition und Historisches
Der Ertrag ist gleich Null (vgl. oben S. 56f zu Mk 3,31–35).

Lk 11,27–28:
Eine Seligpreisung der Mutter Jesu

»*(27) Es geschah aber, indem er dies sagte, da erhob eine Frau aus der Menge ihre Stimme und sprach zu ihm: Selig ist der Leib, der dich getragen hat, und die Brüste, an denen du gesogen hast. (28) Er aber sprach: Selig sind vielmehr die, die das Wort Gottes hören und bewahren.*«

119

Redaktion

Der Anlaß dieser Seligpreisung ist im Zusammenhang des LkEv die vorhergehende Dämonenbannung (V. 14). Während diese in der Menge eine negative Reaktion hervorruft (V. 15f), deutet sie für die Frau auf die Größe Jesu hin. Die Antwort Jesu ist aufgrund von 1,48 (s. oben S. 103) eher als Korrektur denn als strikte Ablehnung der Seligpreisung zu verstehen. Die Frage, ob die Mutter Jesu selig zu preisen ist, ist letztlich nicht entscheidend. Wichtig ist für die Jünger vielmehr, das Wort Gottes zu hören und zu bewahren. Insofern entspricht das Verhältnis von V. 27 und V. 28 dem ersten und zweiten Teil der Frage Lk 6,46 »Was nennt ihr mich aber ›Herr, Herr‹, und tut nicht, was ich sage?«).

Tradition und Historisches
Der Ertrag ist gleich Null.

Apg 1,14:
Maria in der Urgemeinde

»Diese alle (sc. die Jünger) waren stets beieinander einmütig im Gebet samt den Frauen und Maria, der Mutter Jesu, und seinen Brüdern.«

Redaktion

Dieser Vers ergänzt das Vorhergehende dahin, daß die elf Apostel nach der Himmelfahrt Jesu nicht allein, sondern zusammen mit ihren Ehefrauen einmütig im Obergeschoß versammelt waren. Das ganze ist eine Idylle. Lukas zeichnet hier eine Art heilige Urgemeindenfamilie, die aus folgenden Größen besteht: Familien der Jünger und Familie des Herrn, dies nach dem chiastisch aufgebauten Schema: Männer (= zwölf Apostel) – ihre Frauen / Frauen (= Maria, die Mutter Jesu) – Männer (= die Brüder Jesu). Demnach ist Apg 1,14 parallel zu den Familiengeschichten Lk 1–2 aufzufassen. Daraus folgt zusätzlich, daß Apg 1,14 ganz auf Lukas zurückgeht.

Tradition und Historisches
Der Ertrag ist gleich Null.

Joh 1,12–13:
Der Ursprung der Kinder Gottes

»(12) Wie viele ihn aber aufnahmen, denen gab er Macht, Kinder Gottes zu werden, denen, die an seinen Namen glauben, (13) die nicht aus Blut noch aus dem Willen des Fleisches noch aus dem Willen eines Mannes, sondern aus Gott gezeugt sind.«

Die beiden Verse sind Teil der Vorrede (Prolog) zum JohEv, welche die Präexistenz und die Fleischwerdung des Logos erzählt. Sie schildern die Aufnahme Jesu als des Wortes (Logos) durch Menschen und enthalten eine auffällige dreifache Verneinung bezüglich der »Kinder Gottes«: (Sie sind) gezeugt weder aus Blut noch aus dem Willen des Fleisches noch aus dem Willen eines Mannes. Dies entspricht genau dem Glauben der Kirche hinsichtlich der Geburt Jesu, nur daß dort ausdrücklich von der Geburt aus der Jungfrau berichtet wird. Daraus ist zu schließen: Entweder spielt Johannes auf die Geburt Jesu an und meint, die Geburt von Christen, die ohne Blut geschieht und in Gott allein wurzelt, folge der Weise der Geburt Christi selbst. Oder diese Aussage von V. 12–13 erklärt sich aus dem religionsgeschichtlichen Umfeld, in dem die Voraussetzungen der Geburt aus einer Jungfrau, die Zeugung durch Gott, entwickelt wurden. Da das JohEv höchstwahrscheinlich das LkEv voraussetzt (vgl. Lüdemann 1994: 169–189), verdient die zuerst genannte Möglichkeit den Vorzug.

Joh 1,45:
Jesus, der Sohn des Joseph

»Philippus trifft den Nathanael und sagt zu ihm: Den, von dem Mose im Gesetz geschrieben hat und die Propheten, haben wir gefunden in Jesus, dem Sohn des Joseph, den von Nazareth.«

Redaktion

Der Vers steht innerhalb des Abschnittes Joh 1,35–51, der die Berufung der ersten Jünger schildert und Mk 1,16–20 voraussetzt. Johannes hat die Szene stark erweitert und zum Teil sowohl die Reihenfolge als auch die Namen der Jünger abgewandelt: Beruft Jesus im MkEv zuerst die Brüder Simon und Andreas (1,16–18), dann die Zebedaiden Jakobus und Johannes (1,19f), so folgen im JohEv einander Andreas und ein ungenannter Jünger, Simon, Philippus und schließlich Nathanael.

Tradition und Historisches

Der Evangelist spricht von Jesus als Sohn Josephs (ebenso wie in Joh 6,42; s. unten S. 124). Dies entspricht der allgemeinen Tendenz der frühchristlichen Überlieferung: von der Bezeichnung Jesu als Sohn der Maria weg, hin zur Bezeichnung »Sohn des Joseph«. *Wogegen* sich die Tendenz der frühchristlichen Überlieferung richtet, zeigt Joh 8,41. Dieser Text spiegelt ebenso wie bereits Mk 6,3 die älteste traditionsgeschichtliche Schicht wider: Jesus wurde vorehelich geboren und daher nach seiner Mutter benannt.

Joh 2,1–12:
Das Weinwunder auf der Hochzeit in Kana

»(1) *Und am dritten Tag* war eine Hochzeit in Kana in Galiläa, und die Mutter Jesu war dort. (2) Eingeladen aber war(en) auch Jesus und seine Jünger zu der Hochzeit. (3) Und als der Wein ausging, spricht die Mutter Jesu zu ihm: Sie haben keinen Wein (mehr).

(4) Und Jesus spricht zu ihr: Was haben wir miteinander zu schaffen, Frau? Meine Stunde ist noch nicht gekommen.

(5) Seine Mutter spricht zu den Dienern: Was er euch sagt, das tut!

(6) Es standen dort aber sechs steinerne Wasserkrüge nach der Reinigung(ssitte) der Juden, und jeder faßte zwei oder drei Maße. (7) Jesus spricht zu ihnen: Füllt die Wasserkrüge mit Wasser. Und sie füllten sie bis obenan. (8) Und er spricht zu ihnen: Schöpft nun und bringt es dem Speisemeister! Und sie brachten es ihm.

(9) Als aber der Speisemeister das Wasser kostete, das Wein geworden war, und nicht wußte, woher es kam – *die Diener aber wußten es, die das Wasser geschöpft hatten* –, ruft der Speisemeister den Bräutigam (10) und spricht zu ihm: Jeder Mensch gibt zuerst den guten Wein und, wenn sie betrunken werden, den geringeren; du aber hast den guten Wein bis jetzt zurückbehalten.

(11) Dieses erste der Zeichen tat Jesus in Kana in Galiläa, *und er offenbarte seine Herrlichkeit*, und seine Jünger glaubten an ihn.

(12) Danach zog er nach Kapernaum hinab, er und seine Mutter und seine Brüder und seine Jünger, und sie blieben dort nicht viele Tage.«

Redaktion

V. 1: Die Angabe »am dritten Tag« entspricht 1,29.35.43 und geht auf die historisierende Tendenz des Johannes zurück. Die Mutter Jesu, deren Namen Johannes weder hier noch später nennt, erscheint an dieser Stelle zum ersten Mal im Evangelium.

V. 2: Die Erwähnung der Jünger weist auf die Berufungsszenen in Joh 1,35–51 zurück.

V. 3 schafft die erste Voraussetzung für das Wunder. Maria macht Jesus darauf aufmerksam, daß der Wein ausgegangen ist, und äußert damit implizit den Wunsch, er möge für neuen Wein sorgen.

V. 4: Die Anrede »Frau«, die Jesus gegenüber seiner Mutter gebraucht (vgl. ebenso 19,26), ist zwar nicht respektlos, aber auch nicht besonders ehrerbietig. Später spricht Jesus eine Samariterin (4,21) und Maria Magdalena (20,13.15) auf dieselbe distanzierte Weise an. Diese Anrede und die abweisende Wendung: »Was haben wir miteinander zu schaffen?«, werden durch den Nachsatz verständlicher: »Meine Stunde ist noch nicht gekommen«. Das bedeutet: Jesus läßt sich in seinem Handeln nicht durch menschliche Wünsche und Motive leiten; was er tut, bestimmt er (bzw. sein himmlischer Vater) allein. Daß Jesus in V. 7–8 der impliziten Bitte seiner Mutter dann doch nachzukommen scheint, ist für Johannes kein Widerspruch. In ähnlicher Weise lehnt Jesus in Joh 7,1–13 die Forderung seiner Brüder, nach Jerusalem zu gehen und sich der Welt zu offenbaren, zunächst ab (»Meine Zeit ist noch nicht erfüllt«; Joh 7,8), um ihnen später doch heimlich zu folgen. Zugleich deutet das Wort »Stunde« geheimnisvoll schon auf die Stunde des Todes Jesu und seiner Verherrlichung voraus (Joh 7,30; 8,20; 12,23.27; 13,1; 17,1).

V. 5: Die Aufforderung an die Diener, den Worten Jesu zu gehorchen, zeigt, daß Maria sich trotz der ablehnenden Reaktion ihres Sohnes nicht von ihrer Gewißheit abbringen läßt, daß er in irgendeiner Weise helfen werde.

V. 6: Die Erwähnung der Steinkrüge schafft die zweite Voraussetzung für das Wunder, das dann in

V. 7–8 unter Verschweigen des eigentlichen wunderbaren Vorgangs indirekt berichtet wird.

V. 9–10: Das Kosten des Weins durch den Speisemeister und das humorvolle Sprichwort dienen der öffentlichen Bestätigung des Wunders.

V. 11: Die Zählung dieses Wunders als des ersten, das Jesus in Kana tat, weist voraus auf die Heilung des Sohnes des königlichen

Beamten, das als zweites bezeichnet wird (4,54). »Und er offenbarte seine Herrlichkeit« entspricht johanneischer Terminologie.

V. 12 überbrückt die Zeit bis zum Passafest als Hintergrund der folgenden Erzählung.

Tradition und Historisches

In formgeschichtlicher Hinsicht liegt Joh 2,1–12 eine typische Wundergeschichte zugrunde, die in ihrer ursprünglichen Form die Mutter Jesu nicht erwähnte. Ihre Aufnahme in die Erzählung spiegelt das Ansehen wider, das sie im johanneischen Gemeindeverband hatte.

Weder die Rahmenhandlung noch das Weinwunder haben einen historischen Hintergrund.

Joh 6,42:
Jesus, der Sohn des Joseph

»Ist das nicht Jesus, der Sohn Josephs, dessen Vater und Mutter wir kennen? Wie kann er nun sagen, daß er aus dem Himmel herabgestiegen sei?«

Redaktion

Die erste der beiden Fragen aus dem Munde der Juden gleicht der Frage der Landsleute Jesu in Mk 6,3. Bei Markus entzündet sie sich an der Weisheit und den Wundertaten Jesu, bei Johannes an seinem Selbstzeugnis, er sei vom Himmel herabgekommen.

Obwohl Johannes den Glauben an die Jungfrauengeburt Jesu nirgends ausdrücklich bezeugt, kannte und akzeptierte er ihn wahrscheinlich (s. oben zu 1,12–13). Insofern dient der Vers dazu, die Verstocktheit der Juden aufzuzeigen: Da ihnen die Wahrheit über die Herkunft Jesu verborgen ist, verstehen sie nicht, daß sie durchaus im Einklang mit seinem Zeugnis steht, vom Himmel herabgekommen zu sein.

Tradition und Historisches

Vgl. oben S. 58–66 zu Mk 6,3 und S. 122 zu Joh 1,45.

Joh 8,41:
Jesus – aus der Unzucht geboren?

»Ihr tut die Werke eures Vaters. Da sprachen sie zu ihm: Wir sind nicht aus der Unzucht geboren; wir haben einen Vater: Gott.«

Redaktion

Der Anschluß von V. 41 an das Vorhergehende ist hart, denn das mit der Abrahamskindschaft zusammenhängende Thema der Freiheit, das in Joh 8,30–40 entfaltet wurde, findet in V. 41–45 keine Fortsetzung.

Das Wort Jesu, mit dem der Vers beginnt, setzt die Selbstbezeichnung der Juden, die als Vertreter der Welt die nichtglaubenden Menschen darstellen, als Gottes Kinder voraus. Erst in V. 44 wird ausdrücklich gesagt, wen Jesus mit ihrem eigentlichen Vater meint, nämlich den Teufel. Die Juden jedoch verstehen die Andeutung schon hier zu Recht als einen Angriff, der ihre Gotteskindschaft bestreiten soll. Deshalb insistieren sie darauf, daß Gott ihr alleiniger Vater sei. Indem sie aber eine Geburt aus der Unzucht mit einem betonten »wir nicht« weit von sich weisen, bezichtigen sie umgekehrt Jesus eines ehebrecherischen Ursprungs. Der Infragestellung ihrer religiösen Integrität setzen sie also eine Kritik an Jesu illegitimer Herkunft entgegen.

Ohne es zu wissen, sprechen sie damit Johannes zufolge zugleich die Wahrheit über die Geburt Jesu aus: Dieser war tatsächlich nicht aus einem menschlichen Akt geboren. Doch was sich den verstockten Juden als Geburt aus der Unzucht darstellt, ist in Wirklichkeit seine Herkunft von Gott.

Tradition und Historisches

Die Szene, in deren Rahmen Johannes zufolge der Dialog zwischen Jesus und den Juden stattfand, ist zwar fiktiv; in dem impliziten Vorwurf der Juden aber ist dieselbe Tradition enthalten, die sich auch in Mk 6,3 widerspiegelt: Jesu Geburt war illegitim.

Joh 19,25–27:
Die Mutter Jesu und der Lieblingsjünger unter dem Kreuz

»(25) Es standen aber bei dem Kreuz Jesu seine Mutter und die Schwester seiner Mutter, Maria, die Frau des Klopas, und Maria Magdalena. (26) Als nun Jesus die Mutter sieht und bei ihr den Jünger (stehen), den er liebhatte, spricht er zur Mutter: Frau, siehe, dein Sohn. (27) Danach spricht er zum Jünger: Siehe, deine Mutter. Und von der Stunde an nahm der Jünger sie zu sich.«

Redaktion

V. 25: Angesichts der genauen Aufzählung der Frauen, unter denen sich überraschenderweise auch die Mutter Jesu befindet, fällt es auf, daß sich

V. 26f zufolge auch der Lieblingsjünger, von dem vorher gar nicht die Rede war, mit beim Kreuz befindet.

Das deutet auf eine redaktionelle Naht hin: Demnach dürfte Johannes V. 26f zum traditionellen V. 25 hinzugefügt und diesen zusätzlich um die Gestalt der Maria erweitert haben.

Tradition

V. 25 geht auf Überlieferung zurück; V. 26f sind ein im wesentlichen traditionelles Element, das ursprünglich mit dem Tode Jesu nichts zu tun hatte. Es verbindet Maria und den Lieblingsjünger (vgl. Günther 1996: 64). Der Evangelist hat dann die Szene dramatisiert, indem er sie mit den letzten Stunden Jesu in Verbindung brachte. (Vgl. die Tempelreinigungsperikope, Joh 2,13–25, die der Evangelist gegen jede historische Wahrscheinlichkeit chronologisch ganz anders als die Synoptiker eingeordnet hat, indem er sie an den Anfang des Wirkens Jesu stellte.)

Historisches

Die Szene kann angesichts der Berichte der Synoptiker keinen Anspruch auf Historizität erheben. Zur Begründung:

a) In Mk 15,40f parr. beobachten die Frauen das Geschehen am Kreuz *von ferne*;

b) in keiner der Frauenlisten der Synoptiker erscheint die Mutter Jesu;

c) Johannes versetzt die Frauen direkt unter das Kreuz;

d) er fügt Maria, die Mutter Jesu, ein, ohne sie direkt zu nennen;

e) der Evangelist setzt die Szene mit dem Lieblingsjünger hinzu und hat bezüglich der Frauen nur Interesse an der nicht direkt genannten Mutter Jesu.

Fazit: Aus traditionsgeschichtlichen und quellenkritischen Gründen scheidet die Annahme aus, Maria, die Mutter Jesu, habe unter dem Kreuz gestanden.

Thomasevangelium

ThEv 105:
Jesus – Sohn der Hure?

»Jesus sagte: Wer Vater und Mutter kennt, man wird ihn ›Sohn der Hure‹ nennen.«

Jesus spricht in diesem Logion wohl über sich selbst und seine besondere Beziehung zu seinem Vater und seiner Mutter. Im Rahmen des ThEv kommen folgende Stellen als Illustrationen in Frage:

61,3: »Ich bin der, der aus dem hervorkommt, der gleich ist; es sind mir Dinge meines Vaters gegeben.«

101,3: »[Meine] wahre [Mutter], sie gab mir das Leben.«

Die Aussagen Jesu über seinen Vater und seine Mutter sind sowohl wörtlich als auch übertragen gemeint. Wie verhält sich dies zum zweiten Teil von ThEv 105?

Jesus, der seinen Vater und seine Mutter kennt, wird Sohn der Hure genannt werden. Diese Aussage nimmt offensichtlich dieselbe Tradition auf, die sich auch in Joh 8,41 widerspiegelt und die von Anbeginn an seitens nichtchristlicher Juden gegen Jesu Geburt gerichtet wurde. »Hure« mag dabei übertreibende Polemik gegen die illegitime Geburt Jesu sein.

Protevangelium des Jakobus

Ein Schlaglicht auf die Diskussion der immerwährenden Jungfräulichkeit der Maria wirft das sogenannte Protevangelium des Jakobus, das von großer Bedeutung bei der Ausformung des Dogmas von der allzeit bestehenden Jungfräulichkeit der Maria war. Es ist in einer großen Zahl griechischer Handschriften, deren älteste, der Papyrus Bodmer V (3./4. Jh.), erst 1958 veröffentlicht wurde, mehr oder weniger vollständig erhalten und in zahlreichen Übersetzungen auf uns gekommen.

Es setzt die kanonischen Kindheitsgeschichten zwar voraus, benutzt aber die aus dem Mt- und LkEv bekannten Geschichten sehr frei, wahrscheinlich teilweise nach mündlicher Tradition (z.B. spricht es von der Geburt Jesu in einer Grotte bei Bethlehem). Maria gehört zur Oberschicht und ist nicht in einem jüdischen Dorf, sondern in Jerusalem geboren (5,2). Vielleicht antwortet der Vf. damit auf eine jüdische Behauptung, Maria sei von niedriger Herkunft (vgl. Schaberg 1994: 720). Da der Kirchenvater Origenes Anfang des 3. Jh.s das Protevangelium sicher verwendet hat und Justin gegen 150 n. Chr. mit einigen seiner Lehren übereinstimmt (Geburt in der Höhle: Dial 78,5; davidische Abstammung der Maria: Dial 43,1; 45,4; 100,3 u. ö.), läßt es sich noch vor das Ende des 2. Jh.s datieren. Angeblicher Verfasser ist ein Jakobus, der das Buch nach dem Tode Herodes des Großen (4 v. Chr.) – oder dem des Herodes Agrippa (44 n. Chr.) – geschrieben haben will.

Das Protevangelium berichtet vor allem von der wunderbaren Geburt der *Maria*. In Kap. 19f wird dagegen die bestehende Jungfräulichkeit der Maria auch während und nach der Geburt *Jesu* durch folgende Geschichte drastisch bekräftigt:

Protev 19,3–20,3:
Der Beweis für die Jungfräulichkeit der Maria

»(19,3) Und die Hebamme kam aus der Höhle (sc. in der Jesus geboren wurde) heraus, und es begegnete ihr Salome. Und sie sprach zu ihr: Salome, Salome, ich habe dir ein nie dagewesenes Schauspiel zu erzählen: eine Jungfrau hat geboren, was doch ihre Natur nicht zuläßt.

Und Salome sprach: (So wahr) der Herr, mein Gott, lebt, wenn ich nicht meinen Finger hinlege und ihren Zustand untersuche, so werde ich nicht glauben, daß eine Jungfrau geboren hat.

(20,1) Und die Hebamme ging hinein und sprach: Maria, lege dich bereit, denn ein nicht geringer Streit besteht um dich... Und Salome legte ihren Finger hin zur Untersuchung ihres Zustandes. Und sie erhob ein Wehgeschrei und sprach: Wehe über meinen Frevel und meinen Unglauben; denn ich habe den lebendigen Gott versucht; und siehe, meine Hand fällt vom Feuer verzehrt von mir ab! (2) Und Salome beugte ihre Knie vor dem Herrn und sprach: Gott meiner Väter, gedenke meiner; denn ich bin Abrahams, Isaaks und Jakobs Same; stelle mich nicht an den Pranger vor den Söhnen Israels, sondern gib mich den Armen wieder. Denn du weißt, Herr, daß ich in deinem Namen meine Dienste erfülle und meinen Lohn von dir empfangen habe!

(3) Und siehe, da stand ein Engel des Herrn [vor Salome] und sprach zu ihr: Salome, Gott, der Herr, hat dein Gebet erhört. Strecke deine Hand aus zu dem Kind und berühre es (nimm es in die Arme), so wird dir Heilung und Freude geschehen.

(4) Und voller Freude kam Salome zu dem Kind, berührte es [und sprach: Ich will es anbeten, denn (in ihm) ist Israel ein großer König geboren worden.] Und Salome wurde sofort geheilt, [wie sie es erbeten hatte,] und sie ging [gerechtfertigt] aus der Höhle hinaus. Und siehe, ein Engel des Herrn

[eine Stimme] rief: Salome, Salome, verkündige [nicht], was du Wunderbares gesehen hast, bis der Knabe nach Jerusalem kommen wird!« (Übersetzung nach Schneemelcher 1990: 346f; Textvarianten in eckigen Klammern).

Das Protevangelium des Jakobus reflektiert die Volksfrömmigkeit, die erst den Anlaß zur Ausformung des Dogmas der immerwährenden Jungfräulichkeit der Maria gegeben hat. Es belegt schlaglichtartig, wie man die Jungfräulichkeit verstand: Sie wurde an dem Vorhandensein des Jungfernhäutchens gemessen, das selbst bei der Geburt Jesu unverletzt blieb.

Die Lehre von der immerwährenden Jungfrauenschaft Marias dürfte das wichtigste Dogma zur Gestalt der Maria sein, noch wichtiger als die göttliche Mutterschaft. Die Jungfräulichkeit Marias ist nämlich die Grundlage aller späteren Spekulationen über ihre besonderen Privilegien und Gnaden, die ihr zugeschrieben wurden. Selbst die römisch-katholische Interpretation der göttlichen Mutterschaft hängt von der immerwährenden Jungfräulichkeit ab, besonders aber die Dogmen der unbefleckten Empfängnis und der körperlichen Himmelfahrt, welche ohne die immerwährende Jungfräulichkeit unmöglich wären, da sie beide voraussetzen, daß der Körper Marias von der Sünde unbeschädigt und unverdorben blieb.

Zur Traditionsgeschichte. Der historische Verlauf

Die traditionsgeschichtlich älteste Aussage über die Mutter Jesu läßt sie namenlos. Jesus ist aus einer Frau geboren – so die Aussage des Paulus, der sich die Geburt des Gottessohnes aber nur »keusch«, nämlich aus einer Ehefrau vorstellen konnte. Gleichzeitig gewinnt Maria als Mutter Jesu in der jungen Kirche eine gewisse Ehrenstellung – so im Johannesevangelium, in dem sie aus diesem Grunde namentlich nicht einmal mehr genannt werden muß.

Das nächste Stadium (Markus) spiegelt ein Problem der Herkunft Jesu wider und führt historisch hinter Paulus zurück. Jesus wird als Sohn einer jetzt namentlich genannten Mutter bezeichnet. Dies setzt zwingend eine Kritik an seiner unehrenhaften Herkunft voraus und legt den Finger auf einen wunden Punkt: den nicht genannten Vater, womit die Mutter automatisch ins Zwielicht gerät (so auch die in Joh 8,41 und ThEv 105 vorausgesetzte Tradition). Bereits Markus neutralisiert dies durch die Hinzufügung eines Familienkatalogs, und alle auf ihn folgenden Evangelien (Matthäus, Lukas, Johannes) streichen den Ausdruck »Sohn der Maria« unverzüglich. Jesus wird jetzt offiziell Sohn Josephs, was geschichtlich darin begründet sein dürfte, daß Joseph in der Tat den Sohn der Maria adoptiert hat. Hierauf fußen dann die Stammbäume der Evangelien, die von Paulus Röm 1,3 f vorausgesetzte Tradition von Jesus als Sohn Davids und die Weihnachtsgeschichten der Evangelien. Doch beide weisen einen deutlich erkennbaren Riß auf: Lk 1,26–38 trägt den Vater Joseph deutlich nachträglich in die Erzählung ein, während Lk 2,1–20 die Vaterschaft Josephs fraglos voraussetzt, und Matthäus singt in seiner Weihnachtsgeschichte (Mt 1,18–25) zwar ein Lob Josephs, sieht sich aber gleichzeitig veranlaßt, das häßliche Gerücht der illegitimen Zeugung Jesu aus der Welt zu schaffen.

Das bei Markus vorhandene »Hohnwort« zum Sohn der Maria wurzelt in der jüdischen Kritik an Jesu Herkunft, die bereits zu seinen Lebzeiten und verstärkt nach seiner »Auferstehung« gegen ihn (und seine Anhänger) gerichtet wurde. Sie hat darin einen historischen Anhaltspunkt, daß Jesus tatsächlich einen anderen Vater als Joseph hat und in der Tat vorehelich, wahrscheinlich durch eine Vergewaltigung der Maria, gezeugt wurde.

Parallel zu dieser jüdischen Anti-Kritik entwickelt sich die Christologie. So beobachten wir bereits bei Paulus und Markus, daß Jesus als Gottessohn bezeichnet wird, und zwar in der von Paulus wiedergegebenen Überlieferung im Zusammenhang der Geburt, bei Markus erst bei der Taufe. Und ähnliche christologische Entwicklungen führen dann zur Ausbildung des Theologumenons der Jungfrauengeburt, das sowohl Matthäus als auch Lukas bereits vorlag und das womöglich durch den Vorwurf der illegitimen Geburt begünstigt worden war. Sekundär wird dieses Theologumenon der Jungfrauengeburt in der griechischen Übersetzung des Alten Testaments (Jes 7,14) wiedergefunden wie so vieles andere auch, obwohl das hebräische Original nicht von einer Jungfrau, sondern von einer jungen Frau spricht. Das Protevangelium des Jakobus bekräftigt schließlich drastisch die Jungfräulichkeit der Maria auch nach der Geburt Jesu.

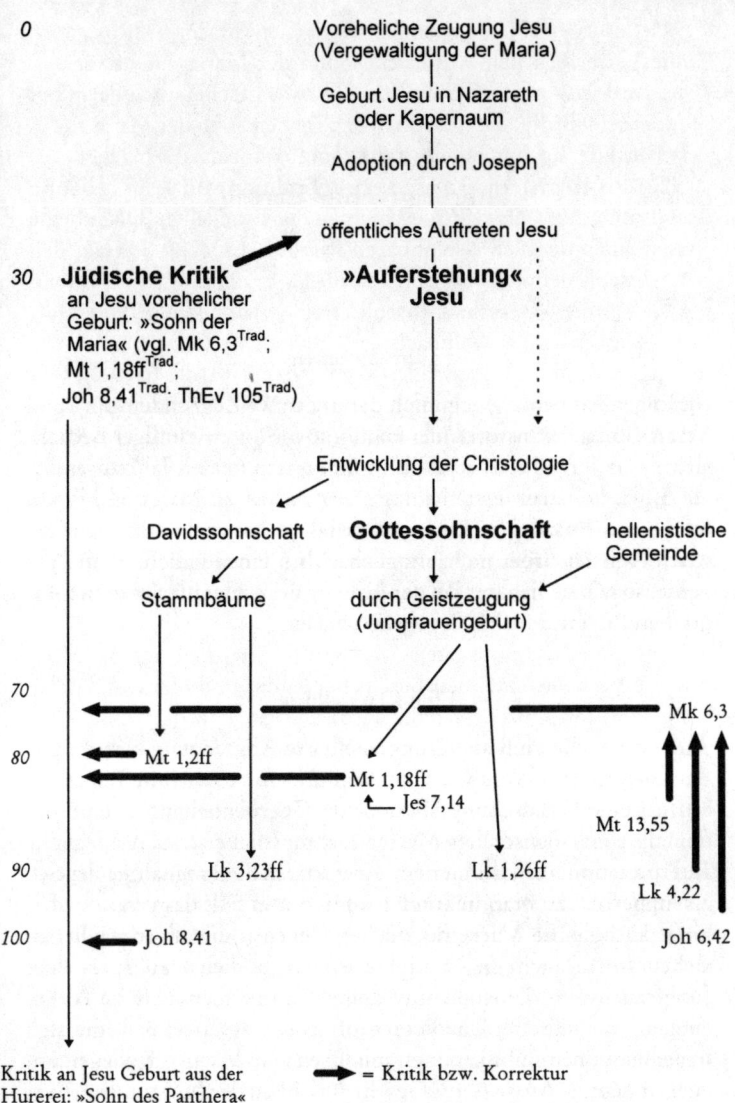

0   Voreheliche Zeugung Jesu
(Vergewaltigung der Maria)

Geburt Jesu in Nazareth
oder Kapernaum

Adoption durch Joseph

öffentliches Auftreten Jesu

30   **Jüdische Kritik**   **»Auferstehung«**
an Jesu vorehelicher   **Jesu**
Geburt: »Sohn der
Maria« (vgl. Mk 6,3$^{Trad.}$;
Mt 1,18ff$^{Trad.}$;
Joh 8,41$^{Trad.}$; ThEv 105^{Trad})

Entwicklung der Christologie

Davidssohnschaft   **Gottessohnschaft**   hellenistische
Gemeinde

Stammbäume   durch Geistzeugung
(Jungfrauengeburt)

70   Mk 6,3

80   Mt 1,2ff   Mt 1,18ff
└─ Jes 7,14

Mt 13,55

90   Lk 3,23ff   Lk 1,26ff

Lk 4,22

100   Joh 8,41   Joh 6,42

Kritik an Jesu Geburt aus der   ➡ = Kritik bzw. Korrektur
Hurerei: »Sohn des Panthera«
(vor 150 n. Chr.)   Trad = Tradition

131

Kapitel 3:
Theologischer Ertrag

Zum Vorgehen

Im folgenden bemühe ich mich darum, unter Zugrundelegung und Verarbeitung der historischen Fakten sowie unter ständiger Berücksichtigung ihrer Interpretation in den ersten beiden Jahrtausenden ein Stück konstruktiver theologischer Arbeit zu Maria und ihrem Sohn Jesus vorzulegen. Eine umfassende Berücksichtigung heutiger Mariologie ist dabei nicht möglich. Ich setze lediglich einige Akzente, so wie sie sich mir bei der Lektüre der schier uferlosen theologischen Literatur zu Maria ergeben haben.

Eine Klarstellung

An erster Stelle muß allerdings eine harte Abgrenzung stehen: Die Aussage, Jesus sei vom Geist gezeugt und von einer Jungfrau geboren, ist eine Verfälschung historischer Gegebenheiten. Er hatte jedenfalls einen menschlichen Vater. Daraus folgt *erstens*, daß jegliche Interpretation, die sich hier vor einer klaren Stellungnahme drückt, als lügnerisch zu brandmarken ist. Hierunter fällt das gesamte offizielle katholische Mariendogma, aber ebenso die allsonntäglichen Bekenntnisse auch im evangelischen Gottesdienst zu Jesus dem Jungfrauensohn. *Zweitens* sind dieser Rubrik aber auch die Äußerungen evangelischer Theologieprofessoren zuzurechnen, die sich in gemeinsamen Publikationen mit ihren katholischen Kollegen um eine eindeutige Aussage zur Geschichtlichkeit der Jungfrauengeburt drücken und lieber unklare Formulierungen bevorzugen. Die Tatsache, daß im Raum der Geschichte immer nur Wahrscheinlichkeitsurteile möglich sind, ist kein hinreichender Grund, in Fragen der historischen Wahrheit tolerant zu sein.

Es versteht sich von selbst, daß an dieser Stelle auch zu fragen ist, was man von nordamerikanischen Stars der Bibelexegese wie R. E.

Brown (1977, 1978), J. A. Fitzmyer (1981) und J. P. Meier (1991) halten soll, die sich so gründlich wie nur wenige andere mit der Geburt Jesu aus der Jungfrau beschäftigt haben und es am Schluß nicht fertigbrachten, dem katholischen Dogma zu widersprechen. Entweder waren sie zu feige dazu, oder sie haben es sich in einer geistigen Ghetto-Existenz zur zweiten Natur werden lassen, nach dem Grundsatz »im Zweifelsfall zugunsten der Kirche und ihrem Dogma« zu urteilen (vgl. zur Kritik an Brown und Meier glänzend Schaberg 1997: 55–61). Wurde hier nicht deutlich, daß diese Forscher – wie viele ihrer katholischen Kollegen in Deutschland auch – schlichtweg platte Apologeten sind, denen man nicht über den Weg trauen kann?

Die zwei Wurzeln der Jungfrauengeburt

Die Maskerade der Geburt Jesu aus einer Jungfrau hatte zwei Wurzeln:

a) Sie beantwortet die als Verleumdung gemeinte Version, daß Jesus vorehelich, illegitim geboren und in Unzucht empfangen wurde.

b) Sie stellt Jesus auf eine Stufe mit anderen göttlichen Helden der Antike, deren Geburt kraft ihrer Würde nur auf Zeugung durch Gott oder ein Mittelwesen zurückgeführt werden kann.

Beide »Antworten« haben eine hohe Christologie zur Voraussetzung. Insofern sind Aussagen zu Maria eng verzahnt mit der Dogmatik des auferstandenen Gottessohnes Jesus. Anders gesagt: Maria als Heilige ist nur die andere Seite der Medaille von Jesus, dem Sohn Gottes. Die Vorstellung von einem Gottvater und seinem Sohn trug die Idee einer Mutter Gottes bereits im Gepäck mit sich.

Maria – zur Stummheit verdammt

Aber die Trümmer der Geschichte sprechen eine andere Sprache: Die ganz unheilige, nämlich voreheliche, wohl gewaltsame Zeugung Jesu zog sogleich den Vorwurf seitens des späteren Adoptivvaters Joseph nach sich, Maria habe Jesus in Unzucht empfangen, wohingegen die Notsituation der jungen Frau Maria zu ihrem völligen Verstummen führte. Sie erzählt nichts, ja, darf gar nichts von ihrer Schwangerschaft berichten. Vielmehr wird ihre Gebärmutter fortan – in Reaktion auf die feindliche pornographische Unterstellung – zum Ort einer Zeugung ohne Sexualität gemacht. Die Gynäkologie dient hier der Theologie zur Legitimation der göttlichen Herkunft und Herrschaft Jesu.

Das Waffenarsenal der Christologie

Wir sagten: Die Mariologie ist in der Christologie begründet. Nun beklagen Protestanten mit Recht, daß die Mariologie ausgerechnet in der heutigen Zeit ausufert. Man scheint der Meinung zu sein: Christologie ist von der Bibel her geboten, Mariologie dagegen nicht bzw. nur in verhaltener Weise. Doch ist das alles Stückwerk, wenn historisches Wissen überhaupt Konsequenzen haben soll. Wer mit Recht die Springflut der Mariologie beklagt, sollte damit gleichzeitig sein eigenes christologisches Waffenarsenal abrüsten. Denn welches Verhältnis besteht zwischen dem Mann aus Nazareth und dem Weltenherrscher, zu dem ihn erst die späteren Gemeinden gemacht haben und als der er in der Kirche auch heute bekannt wird? Trotz der sich verändernden gesellschaftlichen Situationen über die Jahrhunderte hinweg ist doch der alte Machtanspruch des Christentums auf eine Anteilhabe an dieser Weltherrschaft noch heute anzutreffen. Dies geschieht, wie bereits erwähnt, in der schlichten Rezitation von Glaubensformeln, welche die Herrschaft Christi über Tod und Leben bekennen. Konnte dieser eigene Machtanspruch im Römischen Reich und durch das Mittelalter hindurch noch dazu dienen, die weltliche Herrschaft zu legitimieren, falls diese sich kirchenfreundlich verhielt, steht dieser Anspruch heute vor einem schweren Problem: der demokratischen statt der religiösen Legitimation von Herrschaft, der funktionalen Differenzierung innerhalb unserer modernen Gesellschaften und dem Ende des christlichen Monopols auf dem religiösen Markt.

Zwar plädieren die Kirchen heute für die sich zeichenhaft, aber nicht unbedingt politisch verwirklichende Nächstenliebe, halten aber – ohne das ausdrücklich zu sagen – an der Idee der Teilhabe an der Herrschaft Christi fest. Immerhin, missionarisches Handeln wird damit als soziales Handeln praktiziert. Das ist sicherlich besser als eine Mission mit Feuer und Schwert. Es instrumentalisiert aber ethisches Handeln für den höheren christlichen Zweck der Durchsetzung der Herrschaft Christi.

Befreiungstheologie und Herrschaft Christi

Klarer haben sich über diese Verbindung von Ethik und Herrschaft die Befreiungstheologinnen und -theologen, aber auch der Ökumenische Rat der Kirchen geäußert. Nächstenliebe tritt in den Ländern der sog. Dritten Welt in befreiungstheologischem Gewande auf.

Ganze Kirchen stellen sich dort auf die Seite der Unterdrückten und geraten in den militanten Terror und die Verfolgungen der ausgebeuteten Länder hinein. Die mutige Praxis von Befreiungstheologen schafft einen Schutzraum und eine Handlungsoption für die Ärmsten der Armen und ergreift für ihre Notsituation Partei. Trotzdem hat diese Theologie ihren theologischen Machtanspruch an der Wurzel nicht revidiert. Es muß trotz des großen Engagements dieser Theologen die Frage erlaubt sein, ob sich auf der strukturell-theologischen Ebene auch dort nur wieder ein ungebrochener alter Herrschaftsanspruch in neuem Gewande präsentiert. Wird wiederum nur die politische Macht, diesmal die der Unterdrückten, religiös legitimiert? Die Rede Karl Barths von der Offenbarung Gottes in Jesus Christus als dem Herrn hat leider auch die kritische Auseinandersetzung mit dem eigenen Herrschaftsanspruch eher behindert als gefördert.

Funktionalisierung Marias
an einem Beispiel aus der Befreiungstheologie

Virgil Elizondo entwirft auf der Basis kultureller Überlegungen eine Befreiungsmariologie, mit der Figur der Maria als Modell eines evangelisierenden Ökumenismus (1988: 131–141). Nicht der Maria der westlichen kulturellen Tradition, sondern Maria als Mutter und Gebärerin einer neuen religiös-kulturellen Symbiose gilt die Aufmerksamkeit. Maria als diejenige, die in den Erscheinungen die Indianer ansprach, ist die Basis der lateinamerikanischen Befreiungsmariologie.

Im Jahre 1531, zehn Jahre nach der Unterwerfung und Missionierung der einheimischen Bevölkerung Mexikos durch weiße christliche Europäer, erschien Maria dem Juan Diego, einem verachteten Indio, der auf dem Wege zur Kirche war, um sich über die göttlichen Dinge unterrichten zu lassen. Während sich vorher die spanischen Eroberer als die auserwählten Diener und Boten des wahren Gottes ansahen, wird fortan Juan Diego Missionar für die Spanier (S. 135). Das Ereignis von Guadalupe leistet die Befreiung der Unterdrückten. Maria wurde zur Identifikationsgestalt des mexikanischen Volkes, das infolge der christlichen Mission von seiner Wurzel entfremdet worden war, und sie war immer wieder wichtig im Kampf gegen Despoten. So hatten sich in den zwanziger Jahren dieses Jahrhunderts die Cristeros in Mexiko der Jungfrau von Guadalupe geweiht und erreichten langfristig eine Abschaffung der Diktatur. Mehr als eine halbe Million Gläubige feierten im Dezember 1931 den 400. Geburtstag der Jungfrau von Guadalupe mit einem riesigen Fest.

Neben der politischen Befreiung leistet Maria auch die Befreiung von sexueller Vergewaltigung.

Die Jungfräulichkeit der Maria steht »im Gegensatz zum Skandal und zur Schmach der vergewaltigten Weiblichkeit. Maria war rein und unbefleckt, weil sie von den gierigen Händen des Eroberers nicht berührt worden war. In ihr ist der mexikanischen Frau ihre ursprüngliche Würde wiedergegeben worden... Was vom Eroberer prostituiert und geschändet worden war, ist nun von Gott verjungfräulicht worden. In diesem Fall ist die Jungfräulichkeit völlige Rehabilitation entehrter Personwürde« (S. 137).

In der Befreiungstheologie wird der projektive Charakter der Marienfrömmigkeit positiv als außerordentliche kreative Energie des Menschen gesehen. Sie zeigt sich in Maria wie in einem Hochflug trotz finsterer Zeiten.

Der Vf. vergleicht diesen Vorgang mit den Entstehungsbedingungen des Christentums: Das hellenisierte Christentum, das die Evangelisation des gesamten römischen Reiches einleitete, eröffnete durch seine Universalität dem Christentum neue Horizonte (S. 139).

Kritik: Insofern sich diese Deutung auf den Psalm in der Vorgeschichte des Lukas stützt (»Er stürzt die Mächtigen vom Thron« [Lk 1,52]), ist sie eine gewaltsame Interpretation, denn Maria hat diesen Vers nie gesprochen. Soweit sie sich zum projektiven Charakter der Marienerscheinungen als Rehabilitierung der eigenen Personenwürde bekennt, ist dagegen an sich nichts einzuwenden, auch wenn so Gott, wie er herkömmlich gedeutet wurde, aus dem Horizont verschwindet und es ausschließlich um menschliche Kräfte geht. Denn möglicherweise ist »Gott« in uns völlig neu zu entdecken. Doch auch hier stellt sich die Frage nach dem Verhältnis zur Geschichte und zum Text. Und gerade das hellenistische Christentum, das den Aspekt der Unterwerfung der Mächte durch Christus betonte (vgl. Phil 2,5–11), leidet damals wie heute an einer Klärung des eigenen Verhältnisses zur Herrschaft und ist in Jesu Botschaft schwerlich wiederzufinden.

Fazit: Am biblischen Text zu Maria und ihrem Sohn Jesus hat diese Befreiungstheologie keinerlei Anhalt, so sehr sie als kreative Entwicklung im Anschluß an eine Marienerscheinung zu beurteilen ist. Weiter bleibt zu beobachten, daß Maria offenbar problemlos in den unterschiedlichsten theologischen Zusammenhängen Lateinamerikas der Vergangenheit und Gegenwart verwendet werden konnte. Ihrer bedienten sich die Eroberer, ihrer bedienen sich nun die Befreiungstheologinnen und -theologen. Wer war Maria wirklich? – das ist die Frage, der sich solche Ansätze stellen sollten, um vor der Geschichte und dem biblischen Text nicht nackt dastehen zu müssen.

Maria in der feministischen Theologie

In der feministischen Theologie (vgl. das Literaturverzeichnis unter Daly, Mulack, Schottroff, Schüssler-Fiorenza), die hier nur gestreift werden kann und die ich vor dogmatischer Kritik (vgl. Grass 1991: 103–106; Maron 1988: 174–196) in Schutz nehmen würde, sieht sich der Betrachter vor drei Türen gestellt:

Vor der *ersten* Tür befinden sich Frauen, deren Ziel es ist, mit der feministischen Theologie zur Erneuerung des sanierungsbedürftigen Gebäudes von Theologie und Kirche beizutragen. Sie zielen ab auf eine Gemeinschaft in der Kirche, die alle Unterschiede von Frauen und Männern erträgt. Ihre Absicht ist es, eine neue Qualität von Beziehungen zu leben, in der Frauen und Männer gleichberechtigt sich und Gott neu finden. Sie lesen die biblischen Texte in dieser Reformabsicht. Es ist ihnen in erstaunlicher Weise gelungen, den Einfluß herauszuarbeiten, den christliche Frauen schon im beginnenden Christentum ausübten. So geben sie dem feministischen Interesse im Christentum auch für die Gegenwart innerhalb der Kirche einen breiten Raum und können guten Gewissens in die Tür der Kirche eintreten, um dort andauernd Wohnung zu nehmen. Als Preis dafür gehen sie selektiv mit den biblischen Aussagen über Maria um: Sie betonen ihre Niedrigkeit sowie ihren von Gott gesetzten Sonderstatus, verzichten aber auf eine Überprüfung der Faktizität des göttlichen Handelns am Leib der Maria. Inkarnation und Jungfräulichkeit begründen weiterhin Niedrigkeit und Hoheit der Maria. Sie stützen somit letztlich die überlieferten Lehren der Kirche.

Vor der *zweiten* Tür stehen Frauen, die das Christentum für zutiefst von männlichen Phantasien durchsetzt sehen. Sie nehmen die Frauenfeindlichkeit der Texte nicht nur zur Kenntnis, sondern auch ernst. Sie sehen keine Chance, sich durch alternative Lesarten in die christliche Tradition einzufügen. Diese Frauen halten das Christentum für nicht reformierbar, da seine zentralen Glaubensaussagen patriarchal seien. Nur selten betreiben sie historische Tatsachenforschung und ziehen es statt dessen vor, ihre eigene Geschichte zu machen. So gründete Mary Daly eine eigene Religion, um einen nach-christlichen Umgang mit neuen schwesterlichen Formen von Spiritualität zu praktizieren. Der Auszug aus dem patriarchalen Gebäude steht unter dem Motto: Der Weg in die Freiheit geht durch die Tür hinein und wieder durch sie hinaus.

Hinter der *dritten* Tür sind Frauen versammelt, die einen noch anderen Weg gehen wollen. Anknüpfend an biblische und kirchliche Traditionen entdecken sie völlig neue Zugangswege zu Maria-Texten und deuten diese auf ihrem angeblich matriarchalen Hintergrund oder interpretieren sie auf eine matriarchale Zukunft hin. Sie erhöhen Maria und machen sie so zu einer Schlüsselfigur im Selbstfindungsprozeß christlich orientierter Frauen in der Gegenwart. Mag diese hermeneutische Tür auch als ein Notausgang aus dem verrotteten Gebäude der Theologie und Kirche erscheinen – der unhistorische Umgang mit den biblischen Texten macht sie zu einem Hintertürchen.

So führen, zusammenfassend gesagt, die gängigen feministischen Ansätze kaum zu Entwürfen, die der historischen Maria und ihrem Sohn Jesus gerecht werden. Denn weder die erniedrigte noch die erhöhte Maria ist haltbar, weil beide unauflöslich mit dem Weltenherrscher Jesus verbunden sind. Maria geht ihm als Jungfrau voraus, begleitet ihn als Mutter, singt sein Herrschaftslied und endet als seine Braut. Hier werden übersteigerte Erwartungen an die gute Frau in den Himmel projiziert und ersetzen die Macht aller alten Himmelsgöttinnen (vgl. dazu allgemein Benko 1993). Sie verkörpern in Maria ein frauenverachtendes Programm und zwingen jede Frau schließlich in die Heiligen- oder Hurenrolle. Sohn, Mann, Herrscher, Geldverdiener etc. bleiben dabei in der Hauptrolle.

Die anthropologische Ebene der Marienerscheinungen

Ein positiver Aspekt der Fülle von Marienerscheinungen und Marienspekulationen betrifft die anthropologische Ebene. Ihre Wahrheit liegt also im menschlichen Bereich. Geht man davon aus, daß unsere Gottesbilder auf Projektionen beruhen, so steht der christliche Gott ständig in der Gefahr, ein rein männliches Wesen zu werden. Mit dem Aufkommen der Gottesmutter wurde aber der christliche Gott quasi zweigeschlechtlich, und Menschen konnten sich vollständig in ihm wiederfinden, wenn ihnen erlaubt wurde, nicht nur ihre männlichen Anteile, sondern auch ihre weiblichen Anteile in Gott hinein zu projizieren.

Maria ist daher Bild für die Weiblichkeit des Göttlichen und damit Menschlichen, ebenso wie der Logos Jesus Bild für die Männlichkeit der Gottheit und damit des Menschlichen ist. Der Tiefe beider Dimensionen wurden und werden die Menschen durch Christus- bzw. Marienerscheinungen gewahr, die als Visionen zu bezeichnen sind. Die beiden Pole sind Konstanten des menschlichen Daseins, die sich mir selbst lebensgeschichtlich als evident erwiesen haben. Der Mensch kann nur gewinnen, wenn beide Teile gleichermaßen vollständig bejaht und so wie von selbst integriert werden.

Der historisch sperrige Aspekt von Maria und ihrem Sohn Jesus

Jedoch ist eine allgemein anthropologische Betrachtung nur ein Aspekt der Interpretation. Ebenso notwendig ist es, die Geschichte zu ihrem Recht kommen zu lassen, was hier konkret heißt: Ich muß mich der damaligen historischen Realität vollständig aussetzen und das historische Bild der Maria, die im patriarchalen System erstickte und nicht reden durfte, ständig vor Augen haben. Jesus, ihr Sohn, verkörpert in seiner Predigt und in seinem Auftreten so etwas wie das Prinzip des Protests, der Kritik, mithin ein Potential, das jegliche starren, auf Herrschaft beruhenden Systeme zerbricht. Bei ihm oder in seiner unmittelbaren Umgebung spielt der Patriarchalismus keine Rolle mehr; alle sind gleiche Teilhaber am Reich Gottes.

Aber auch dieser Frühling des Auftretens Jesu hielt nicht lange an. Am Kreuz erfuhr er, was Einsamkeit, Schmerz und Gottverlassenheit heißt. Ähnliche Erfahrungen durchlitt seine Mutter Maria in der Stunde der Zeugung ihres Kindes, der Zeit der Schwangerschaft sowie dem Augenblick der Geburt des Sohnes. Dies vermochte die biblisch-kirchliche Tradition von Anfang an nicht zu ertragen und malte die Geschichte von Maria und ihrem Sohn Jesus sogleich auf goldenem Untergrund. Die theologische Dogmatik verließ zudem die Basis der Geschichte und baute ein Luftschloß nach dem anderen. Um Jesus und Maria verehren zu können, zerstörte man im Verlauf der Kirchengeschichte, von Anfang an bis heute, all das, was damals eine bittere Tatsache war. Wir haben heute aber keine andere Möglichkeit, als der historischen Realität wieder zum Leben zu verhelfen, weil inzwischen fast jedermann weiß, daß die Geschichte ganz anders verlief, als die biblisch-kirchliche Berichterstattung es jahrhundertelang erzählt hat.

Das Grab war voll und die Krippe leer

Jesu Elendsgrab war voll, und seine Herrlichkeitskrippe war leer – so mag das Gesamtfazit meiner Arbeit lauten. Die heilige Nacht konnte – trotz der Schönfärberei der Bibel – nach einer solchen Vorgeschichte nur unheilig für Maria sein. Die stille Nacht war grausam, laut und schwer. Sie vermochte daher nicht den Schmerz zu lindern, welcher der jungen Frau durch diese im wahrsten Sinn des Wortes aufgezwungene Schwangerschaft zugefügt worden war. Die Krippe eines von einer Jungfrau geborenen Gottessohnes, dem Huldigung dargebracht wurde, hatte hier überhaupt keinen Platz, auch wenn Bibelverse, fromme Gesänge und dogmatische Leerformeln es tausendfach anders sagen. Niemand konnte freilich ahnen, wer von Maria wirklich geboren wurde. Denn in Jesus wuchs der Traum eines Menschen heran, der zeichenhaft alle Gewalt im Himmel und auf Erden überwinden sollte. Er scheiterte am Kreuz. Sein Grab blieb voll und wurde nicht durch die Herrlichkeit der Auferstehung abgelöst. Trotzdem, ja gerade deswegen gilt ihm meine Sympathie.

Literaturverzeichnis

Um Raum zu sparen, wurden die benutzten Arbeiten von Anfang an abgekürzt zitiert, nämlich unter Angabe des Verfassernamens und des Erscheinungsjahres der benutzten Ausgabe.

Barrett, Charles K.: Das Evangelium nach Johannes, KEK Sonderband, *1990*

Barth, Karl: Die christliche Dogmatik im Entwurf. Erster Band. Die Lehre vom Worte Gottes, *1927*

Barth, Karl: Die kirchliche Dogmatik I/2. Die Lehre vom Wort Gottes. Prolegomena zur kirchlichen Dogmatik, *1938*

Barth, Karl: Dogmatik im Grundriß (1947), [7]*1987*

Bauer, Walter: Das Leben Jesu im Zeitalter der neutestamentlichen Apokryphen (1909), *1967*

Bekenntnisschriften der evangelisch-lutherischen Kirche, [11]*1992*

Benko, Stephen: The Virgin Goddess. Studies in the Pagan and Christian Roots of Mariology, SHR LIX, *1993*

Besier, Gerhard: Konzern Kirche. Das Evangelium und die Macht des Geldes, *1997*

Billerbeck, Paul: Kommentar zum Neuen Testament aus Talmud und Midrasch, Bd. I-IV, [5]*1969*

Blinzler, Josef: Die Brüder und Schwestern Jesu, SBS 21, *1967*

Børresen, Kari Elisabeth: Maria in der katholischen Theologie, in: Moltmann-Wendel u. a. *1988:* 72–87

Bovon, François: Das Evangelium nach Lukas (Lk 1,1–9,50), EKK III/1, *1989*

Braun, Herbert: Der Sinn der neutestamentlichen Christologie (1957), in: ders.: Gesammelte Studien zun Neuen Testament und seiner Umwelt, [3]*1971*, S. 243–282

Brown, Raymond E.: The Birth of the Messiah. A Commentary on the Infancy Narratives in Matthew and Luke, *1977* ([2]1993)

Brown, Raymond E./Donfried, Karl P./Fitzmyer, Joseph A./Reumann, John: Mary in the New Testament, *1978* (deutsch 1981)

Bultmann, Rudolf: Das Evangelium nach Johannes, KEK II, [21]*1986*

Bultmann, Rudolf: Die Geschichte der synoptischen Tradition, FRLANT 29, [10]*1995*

Campenhausen, Hans von: Die Jungfrauengeburt in der Theologie der alten Kirche (1962), in: ders.: Urchristliches und Altkirchliches. Vorträge und Aufsätze, *1979*, S. 63–161

Chadwick, Henry: Origen: Contra Celsum. Translated with an Introduction & Notes, [2]1965

Chadwick, Owen: Die Geschichte des Christentums, 1996

Cohn, Leopold: Die Werke Philos von Alexandria in deutscher Übersetzung, Schriften der jüdisch-hellenistischen Literatur III/3, 1919

Conzelmann, Hans: Die Mitte der Zeit. Studien zur Theologie des Lukas, BHTh 17, [6]1977

Crossan, John D.: Der historische Jesus. Aus dem Englischen von Peter Hahlbrock, 1994

Daly, Mary: Beyond God the Father: Toward a Philosophy of Women's Liberation, 1973

Dauer, Anton: Die Passionsgeschichte im Johannesevangelium, STANT 30, 1972

Delius, Walter: Geschichte der Marienverehrung, 1963

Denzinger, Heinrich / Schönmetzer, Adolf: Enchiridion symbolorum, definitionum et declarationum de rebus fidei et morum, [36]1976

Dibelius, Martin: Jungfrauensohn und Krippenkind. Untersuchungen zur Geburtsgeschichte Jesu im Lukas-Evangelium (1932), in: ders.: Botschaft und Geschichte. Gesammelte Aufsätze, Bd. 1, hrsg. v. Günther Bornkamm, 1953, S. 1–78

Dibelius, Martin: Die Formgeschichte des Evangeliums, hrsg. v. Günther Bornkamm, [4]1961

Dinzelbacher, Peter (Hrsg.): Mittelalterliche Visionsliteratur. Eine Anthologie, 1989

Elizondo, Virgil: Maria und die Armen. Ein Modell eines evangelisierenden Ökumenismus, in: Moltmann-Wendel u. a. 1988: 131–141

Emmerich, Anna Katharina: Das Leben der heiligen Jungfrau Maria. Nach den Visionen der Augustinerin von Dülmen. Aufgeschrieben von Clemens Brentano, hrsg. v. Arnold Guillet, [9]1992

Fitzmyer, Joseph A.: The Virginal Conception of Jesus in the New Testament, in: ders.: To Advance the Gospel. New Testament Studies, 1981, S. 41–78

Gaventa, Beverly R.: Mary: Glimpses of the Mother of Jesus, 1995

Gnilka, Joachim: Das Matthäusevangelium. I. Teil (Kap. 1,1–13,58), HThK I/1, 1986

Gnilka, Joachim: Das Evangelium nach Markus. 1. Teilband. Mk 1–8,26, EKK II/1, [3]1989

Grass, Hans: Traktat über Mariologie, MThSt 30, 1991

Günther, Matthias: Der Ursprung der ephesinischen Marientradition. Zur Exegese von Joh 19,26f, in: Historische Wahrheit und theologische Wissenschaft. Gerd Lüdemann zum 50. Geburtstag, hrsg. v. Alf Özen, 1996, S. 61–70

Härle, Wilfried: Dogmatik, 1995

Halkes, Catharina J.M.: Maria – inspirierendes oder abschreckendes Vorbild für Frauen?, in: Moltmann-Wendel u. a. 1988: 113–130

Hanauer, Josef: »Muttergottes-Erscheinungen«. Tatsachen oder Täuschungen?, *1996*

Hanauer, Josef: Wunder oder Wundersucht? Erscheinungen, Visionen, Prophezeiungen, Besessenheit, [3]*1997*

Harnack, Adolf: Das apostolische Glaubensbekenntnis, ein geschichtlicher Bericht nebst einer Einleitung und einem Nachwort (1892), in: ders.: Reden und Aufsätze I, *1904*, S. 219–264

Hase, Karl von: Handbuch der Protestantischen Polemik gegen die Römisch-Katholische Kirche, [6]*1894*

Hirsch, Emanuel: Das Wesen des Christentums, *1939*

Hirsch, Emanuel: Frühgeschichte des Evangeliums. Zweites Buch. Die Vorlagen des Lukas und das Sondergut des Matthäus, *1941*

Hirsch, Emanuel: Christliche Rechenschaft. Erster Band, *1989*

Jeremias, Joachim: Jerusalem zur Zeit Jesu. Eine kulturgeschichtliche Untersuchung zur neutestamentlichen Zeitgeschichte, [3]*1969*

Jeremias, Joachim: Die Sprache des Lukasevangeliums. Redaktion und Tradition im Nicht-Markusstoff des dritten Evangeliums, KEK Sonderband, *1980*

Joest, Wilfried: Dogmatik. Bd. 1: Die Wirklichkeit Gottes, [3]*1989*

Johnson, Marshall D.: The Purpose of the Biblical Genealogies with Special Reference to the Setting of the Genealogies of Jesus, MSSNTS, [2]*1988*

Katechismus der Katholischen Kirche, *1993*

Keller, Werner: Und die Bibel hat doch recht. Forscher beweisen die historische Wahrheit, *1957*

Kießig, Manfred (Hrsg.): Maria, die Mutter unseres Herrn. Eine evangelische Handreichung, *1991*

Klostermann, Erich: Das Lukasevangelium, HNT 5, [2]*1929*

Koetschau, Paul: Des Origenes acht Bücher gegen Celsus. I. Teil. Buch I-IV, BKV 52, *1926*

Krauss, Samuel: Das Leben Jesu nach jüdischen Quellen, *1902*

Krötke, Wolf: Die Christologie Karl Barths als Beispiel für den Vollzug seiner Exegese, in: Trowitzsch, Michael (Hrsg.): Karl Barths Schriftauslegung, *1996*, S. 1–21

Küng, Hans: Credo. Das Apostolische Glaubensbekenntnis – Zeitgenossen erklärt, [2]*1992*

Laurentin, René: Lourdes: Histoire authentique des apparitions. I: Structure des témoignages. État de la question, *1961* (insgesamt 6 Bände 1961–1964)

Lüdemann, Gerd: Das frühe Christentum nach den Traditionen der Apostelgeschichte. Ein Kommentar, *1987*

Lüdemann, Gerd: Die Auferstehung Jesu. Historie, Erfahrung, Theologie, Göttingen 1994, Neuausgabe Stuttgart *1994*

Lüdemann, Gerd: Ketzer. Die andere Seite des frühen Christentums, *1995*

Lüdemann, Gerd: Das Unheilige in der Heiligen Schrift. Die andere Seite der Bibel, *1996*

Luther, Martin: Kritische Gesamtausgabe (= WA), Weimar 1883 ff

Luz, Ulrich: Das Evangelium nach Matthäus (Mt 1–7), EKK I/1, ³*1992*

Maier, Johann: Jesus von Nazareth in der talmudischen Überlieferung, *1978*

Maron, Gottfried: Zum Gespräch mit Rom. Beiträge aus evangelischer Sicht, BenshH 69, *1988*

McArthur, Harvey K.: »Son of Mary«, in: NT XV, *1973*, S. 38–58

McHugh, John:: The Mother of Jesus in the New Testament, *1975*

Meier, John P.: A Marginal Jew. Rethinking the Historical Jesus. Volume I: The Roots of the Problem and the Person, *1991*

Moltmann, Jürgen: Gibt es eine ökumenische Mariologie?, in: Moltmann-Wendel u. a. *1988*: 14–22

Moltmann, Jürgen: Der Weg Jesu Christi. Christologie in messianischen Dimensionen, *1989*

Moltmann-Wendel, Elisabeth/Küng, Hans/Moltmann, Jürgen (Hrsg.): Was geht uns Maria an? Beiträge zur Auseinandersetzung in Theologie, Kirche und Frömmigkeit, GTB 493, *1988*

Mulack, Christa: Maria. Die geheime Göttin im Christentum, ²*1986*

Neumann, Erich: Zur Psychologie des Weiblichen, Geist und Psyche, *1983*

Neusner, Jacob: The Mother of the Messiah in Judaism. The Book of Ruth, *1993*

Nigg, Walter: Geschichte des religiösen Liberalismus, *1937*

Norden, Eduard: Die Geburt des Kindes. Geschichte einer religiösen Idee, 1924 (= ⁴*1969*)

Noth, Martin: Das vierte Buch Mose. Numeri, ATD 7, *1966*

Pannenberg, Wolfhart: Das Glaubensbekenntnis ausgelegt und verantwortet vor den Fragen der Gegenwart, GTB 1292, ⁵*1990*

Pelikan, Jaroslav: Mary Through the Centuries, *1996*

Petersen, E.: Die wunderbare Geburt des Heilandes, RGV I/17, *1909*

Räisänen, Heikki: Die Mutter Jesu im Neuen Testament, AASF B 247, ²*1989*

Rahner, Karl: Visionen und Prophezeiungen, QD 4, *1958*

Rahner, Karl: Virginitas in partu. Ein Beitrag zum Problem der Dogmenentwicklung und Überlieferung, in: ders.: Schriften zur Theologie, Bd. IV: Neue Schriften, ³*1962*, S. 173–205

Reik, Theodor: Dogma und Zwangsidee. Eine psychoanalytische Studie zur Entwicklung der Religion, in: Imago 13. *1927*, S. 247–382

Rosa, Peter de: Der Jesus-Mythos. Über die Krise des christlichen Glaubens, *1991*

Schaberg, Jane: The Illegitimacy of Jesus. A Feminist Theological Interpretation of the Infancy Narratives, *1987*

Schaberg, Jane: The Infancy of Mary of Nazareth, in: Elisabeth Schüssler-Fiorenza (ed.): Searching the Scriptures. Volume II: A Feminist Commentary, *1994*, S. 708–727

Schaberg, Jane: Feminist Interpretations of the Infancy Narrative of Matthew, in: Journal of Feminist Studies in Religion 13. *1997,* S. 35 bis 62

Schlichting, Günter: Ein jüdisches Leben Jesu, WUNT 24, *1982*

Schlink, Edmund: Ökumenische Dogmatik. Grundzüge, *1983*

Schneemelcher, Wilhelm (Hrsg.): Neutestamentliche Apokryphen in deutscher Übersetzung. Bd. I: Evangelien, [6]*1990*

Schneider, Gerhard: Das Evangelium nach Lukas. Kapitel 1–10, ÖTK 3/1, *1977*

Schottroff, Luise/Stegemann, Wolfgang: Jesus von Nazareth – Hoffnung der Armen, *1978*

Schottroff, Luise: Befreiungserfahrungen. Studien zur Sozialgeschichte des Neuen Testaments, ThB 82, *1990*

Schottroff, Luise: Lydias ungeduldige Schwestern. Feministische Sozialgeschichte des frühen Christentums, [2]*1996*

Schürer, Emil: Geschichte des jüdischen Volkes im Zeitalter Jesu Christi, Bd. I, *1901*; Bd. II, *1907*; Bd. III, *1909* (alle Bände = 1964)

Schüssler-Fiorenza, Elisabeth: Jesus. Miriam's Child, Sophia's Prophet. Critical Issues in Feminist Christology, *1995*

Seeberg, Reinhold: Die Herkunft der Mutter Jesu, in: Theologische Festschrift für G. Nathanael Bonwetsch zu seinem 70. Geburtstage (17. Februar 1918), S. 13–24, *1918*

Smend, Rudolf: Hat die Bibel wirklich recht?, Sendung »Gedanken zur Zeit« im Norddeutschen Rundfunk am Ostersonntag 1965, in: ders.: Bibel, Theologie, Universität. Sechzehn Beiträge, *1997,* S. 41–45

Smith, Morton: Jesus the Magician, *1978*

Spong, John Shelby: Born of a Woman. A Bishop Rethinks the Birth of Jesus, *1992*

Stauffer, Ethelbert: Jeschu ben Mirjam. Kontroversgeschichtliche Anmerkungen zu Mk 6:3, in: Neotestamentica et Semitica. Studies in Honour of Matthew Black. Edited by E. Earle Ellis and Max Wilcox, *1969,* S. 119–128

Stegemann, Hartmut: »Die des Uria«. Zur Bedeutung der Frauennamen in der Genealogie Matthäus 1,1–17, in: Tradition und Glaube. Das frühe Christentum in seiner Umwelt. Festgabe für Karl Georg Kuhn zum 65. Geburtstag, hrsg. v. Gert Jeremias, Heinz-Wolfgang Kuhn u. Hartmut Stegemann, *1971,* S. 246–276

Strack, Hermann L.: Jesus, die Häretiker und die Christen nach den ältesten jüdischen Angaben, *1910*

Strauss, David Friedrich: Das Leben Jesu, Erster Band, [3]*1838*

Strauss, David Friedrich: Die christliche Glaubenslehre in ihrer geschichtlichen Entwicklung und im Kampfe mit der modernen Wissenschaft, Erster Band, *1840*; Zweiter Band, *1841*

Strecker, Georg: Der Weg der Gerechtigkeit. Untersuchung zur Theologie des Matthäus, FRLANT 82, [3]*1971*

Theißen, Gerd / Merz, Annette: Der historische Jesus. Ein Arbeitsbuch, *1996*

Trillhaas, Wolfgang: Dogmatik, ³*1972*

Türcke, Christoph: Kassensturz. Zur Lage der Theologie, *1992*

Usener, Hermann: Geburt und Kindheit Christi, in: ZNW 4. *1903*, S. 1–21

Verweyen, Hansjürgen: Mariologie als Befreiung. Lk 1,26–45.56 im Kontext, in: ZKTh 105. *1983*, S. 168–183

Verweyen, Hansjürgen: Der Weltkatechismus: Therapie oder Symptom einer kranken Kirche?, *1993*

Vielhauer, Philipp: Geschichte der urchristlichen Literatur. Einleitung in das Neue Testament, die Apokryphen und die Apostolischen Väter, *1975*

Wex, Marianne: Parthenogenese heute. Von der Urkraft der Frau, aus sich selbst heraus zu gebären, ohne Beteiligung eines zweiten Geschlechts, *1992*

Autorenverzeichnis

Lieferbare Radius-Bücher (eine Auswahl)

Heinz Abosch: *Flucht ohne Heimkehr.* Aus dem Leben eines Heimatlosen. 180 S., geb.

Heinrich Albertz: *Blumen für Stukenbrock.* Biographisches. 304 S., geb.

Karl Bohrmann: *100 Aktzeichnungen.* Mit rotem Mantel. 144 S., brosch.

Karl Bohrmann: *Ferne – Nähe.* 100 Zeichnungen. 120 S., geb.

Karl Bohrmann: *Stilleben. Hommage à Morandi.* 108 S., geb.

Karl Bohrmann: *Zeichnungen.* 160 S., brosch.

Jürgen Brodwolf: *Figur.* 100 Arbeiten auf Papier. 144 S., geb.

Jürgen Brodwolf: *Theresienstadt. Wunde.* 15 Arbeiten auf Papier. 48 S., geb.

Katharina Coblenz: *Katharina, Katharina.* Ein Fragment. 160 S., geb.

Mechthild Dehn: *Leben.* Krebs: Entscheidung – Anruf – Suche. 96 S., geb.

Wolfgang Erk: *Autoren zu Gast – zu Gast bei Autoren.* Journal 1977-1997. 200 S., geb.

Wolfgang Erk (Hrsg.): *Für diesen Tag und für alle Tage...* Ein Brevier. 128 S., geb.

Wolfgang Erk (Hrsg.): *Weihnachtsveranstaltungen.* 240 S., geb.

Wolfgang Erk (Hrsg.): *Wer bin ich?* 100 Texte. 128 S., geb.

Wolfgang Erk (Hrsg.): *Zum neuen Jahr.* Vorsätze, Hoffnungen, Wünsche. 96 S., geb.

Richard Exner: *Die Zunge als Lohn.* Gedichte 1991-1995. 96 S., geb.

Richard Exner: *Gedichte 1953-1991.* 320 S., geb.

Eberhard Fincke: *Die Wiederentdeckung der sozialen Intelligenz.* 200 S., geb.

Traugott Giesen: *Christsein praktisch.* 100 Proben Glaubensmut. 224 S., geb.

Traugott Giesen: *Glaube mit Hand und Fuß.* 94 Kolumnen. 200 S., geb.

Traugott Giesen: *Gott liebt Dich und braucht Dich.* 192 S., geb.

Traugott Giesen: *Ich kann von Glück sagen.* 30 Lockrufe. 208 S., geb.

Traugott Giesen: *Leben ist Lieben.* 80 Kolumnen. 168 S., geb.

Traugott Giesen: *Schmerzlich – schön – wunderbar.* 90 Kolumnen. 212 S., geb.

Traugott Giesen / Hans Jessel: *Inselglück.* 10 Texte. 40 Farbfotos, 96 S., geb.

Traugott Giesen / Hans Jessel: *Sylt für die Seele.* 45 Texte. 45 Farbfotos. 96 S., brosch.

Hannah Green: *Ich hab dir nie einen Rosengarten versprochen.* 240 S., geb.

Peter Härtling: *Für Ottla.* 40 S., geb.

Peter Härtling: *Das Land, das ich erdachte.* Gedichte 1990-1993. 128 S., geb.

Peter Härtling: *Das wandernde Wasser.* 128 S., brosch.

Peter Härtling (Hrsg.): *»es hofft die gantze welt«.* Mein Weihnachtsbuch. 88 S., geb.

Peter Härtling / Arnulf Rainer: *Engel – gibt's die?* 112 S., geb.

Dirk Heinrichs: *Den Krieg entehren.* Sind Soldaten *potentielle* Mörder? 120 S., brosch.

Klaus-Peter Hertzsch: *Der ganze Fisch war voll Gesang.* 80 S., brosch.

Klaus-Peter Hertzsch: *Nachdenken über den Fisch.* Texte/Predigten. 160 S., brosch.

Reinhard Höppner: *Segeln gegen den Wind.* Texte und Reden. 140 S., geb.

Renate und Reinhard Höppner (Hrsg.): *Den Menschen ein Wohlgefallen.* 128 S., geb.

Gerhardt Hoffmann: *Mein Herz hat mich verlassen.* Roman. 200 S., geb.

Inge Jens / Walter Jens: *Vergangenheit – gegenwärtig.* Biographisches. 88 S., geb.

Walter Jens: *Das A und das O.* Die Offenbarung des Johannes. 96 S., brosch.

Walter Jens: *Zeichen des Kreuzes.* Vier Monologe. 80 S., brosch.

Maria Jepsen: *einmischen*. Neue Reden und Predigten. 180 S., geb.

Erika Kitter: *...und dann nahm ich mir heraus zu leben*. MS. 160 S., brosch.

Jo Krummacher (Hrsg.): *Für jeden Sonn- und Feiertag*. 100 Predigten. 420 S., geb.

Jo Krummacher / Hendrik Hefermehl: *Ratgeber KDV*. 184 S., brosch.

Christoph Kuhn (Hrsg.): *Es schwimmt die Welle des Lebens hin*. 128 S., geb.

Gerd Lüdemann: *Die Auferstehung Jesu*. Erweiterte Neuausgabe 1994. 280 S., geb.

Gerd Lüdemann: *Jungfrauengeburt?* 140 S., brosch.

Gerd Lüdemann: *Ketzer*. 320 S., geb., Studienausgabe: 260 S., brosch.

Gerd Lüdemann: *Das Unheilige in der Heiligen Schrift*. 120 S., brosch.

Gerd Lüdemann / Alf Özen: *Was mit Jesus wirklich geschah*. 140 S., brosch.

Gerd Lüdemann / Martina Janßen (Hrsg.): *Bibel der Häretiker*. 640 S., geb.

Gerd Lüdemann / Martina Janßen: *Unterdrückte Gebete*. 128 S., brosch.

Horst Lütten: *Mein Herz schlägt für Kain*. Genesis 1-11. 160 S., brosch.

Henning Luther: *Religion und Alltag*. 336 S., brosch.

Johanna Macholz: *... herzen und ferne sein von Herzen*. Eine Erzählung. 180 S., geb.

Kurt Marti: *Fromme Geschichten*. 128 S., brosch.

Kurt Marti: *geduld und revolte*. die gedichte am rand. Neuausgabe. 96 S., brosch.

Kurt Marti: *Die gesellige Gottheit*. 100 S., geb.

Kurt Marti: *Gottesbefragung*. 180 S., brosch.

Kurt Marti: *gott gerneklein*. gedichte. 80 S., brosch.

Kurt Marti: *O Gott! Lachen, Weinen, Lieben*. Ermutigungen zum Leben. 380 S., geb.

Kurt Marti: *Die Psalmen 1-150*. Annäherungen. 4 Bde. Zus. 728 S., brosch.

Kurt Marti: *Ungrund Liebe*. 60 S., brosch.

Pierangelo Maset: *Ästhetische Bildung der Differenz*. 300 S., brosch.

Dietrich Mendt (Hrsg.): *Mache dich auf – werde Licht!* 572 S., geb.

Thomas Müller: *Zeichnungen 1994-1996*. 128 S., geb.

Marietta Peitz: *Ich sollte Lilien pflanzen...* Tagebuch des Älterwerdens. 120 S., geb.

DAS PLATEAU. Die Zeitschrift im Radius-Verlag. 6mal jährl., je 48 S., brosch.

Ruth Rehmann: *Der Oberst begegnet Herrn Schmidt*. Geschichten. 64 S., geb.

Klaus Schmidt: *Gerechtigkeit...* Johanna und Gottfried Kinkel. Biographie. 260 S., geb.

Gerhard Schneider: *Die Katze im Stall von Bethlehem*. Geschichten. 80 S., brosch.

Gerhard Schneider: *Schuld wirft lange Schatten*. 152 S., brosch.

Hansjürgen Schulz: *Ethik als Einmischung*. Erfahrungen und Modelle. 128 S., brosch.

Klaus von Stieglitz: *Einladung zur Freiheit*. Anthroposophie. 280 S., brosch.

Brigitte Ina von Streit: *Myrtenkranz und Blechkreuz*. Eine Erzählung. 176 S., geb.

Iwan S. Turgenjew: *Mumu*. 88 S., geb.

Heinrich Vogel: *Gesammelte Werke*. 12 Bde. Je 223 bis 688 S., geb.

Hanna Wolff: *Der eigene Weg*. 120 S., brosch.

Hanna Wolff: *Jesus der Mann*. 200 S., brosch.

Hanna Wolff: *Jesus als Psychotherapeut*. 180 S., brosch.

Hanna Wolff: *Neuer Wein – Alte Schläuche*. 240 S., brosch.

Dankwart Zeller: *Galerie-Kneipe*. Ein ausgefallenes Wiedersehen. 200 S., geb.

Radius-Verlag · Olgastraße 114 · 70180 Stuttgart · Tel 0711. 607 66 66 · Fax 607 55 55